日蓮門下の人間群像

師弟の絆、広布の旅路

上

目次

一、本書は、「大白蓮華」に連載された「日蓮門下の人間群像——師弟の絆、広布の旅路」（二〇一七年四月号〜二〇一九年六月号）を収録した。

一、御書の引用は、『新編 日蓮大聖人御書全集』（創価学会版、第二七八刷）を（〇〇ページ）と示した。

一、法華経の引用は、『妙法蓮華経並開結』（創価学会版、第二刷）を（法華経〇〇ページ）で示した。

一、引用文中の省略箇所は、……で示した。

一、説明が必要と思われる語句等には、注を付けた。

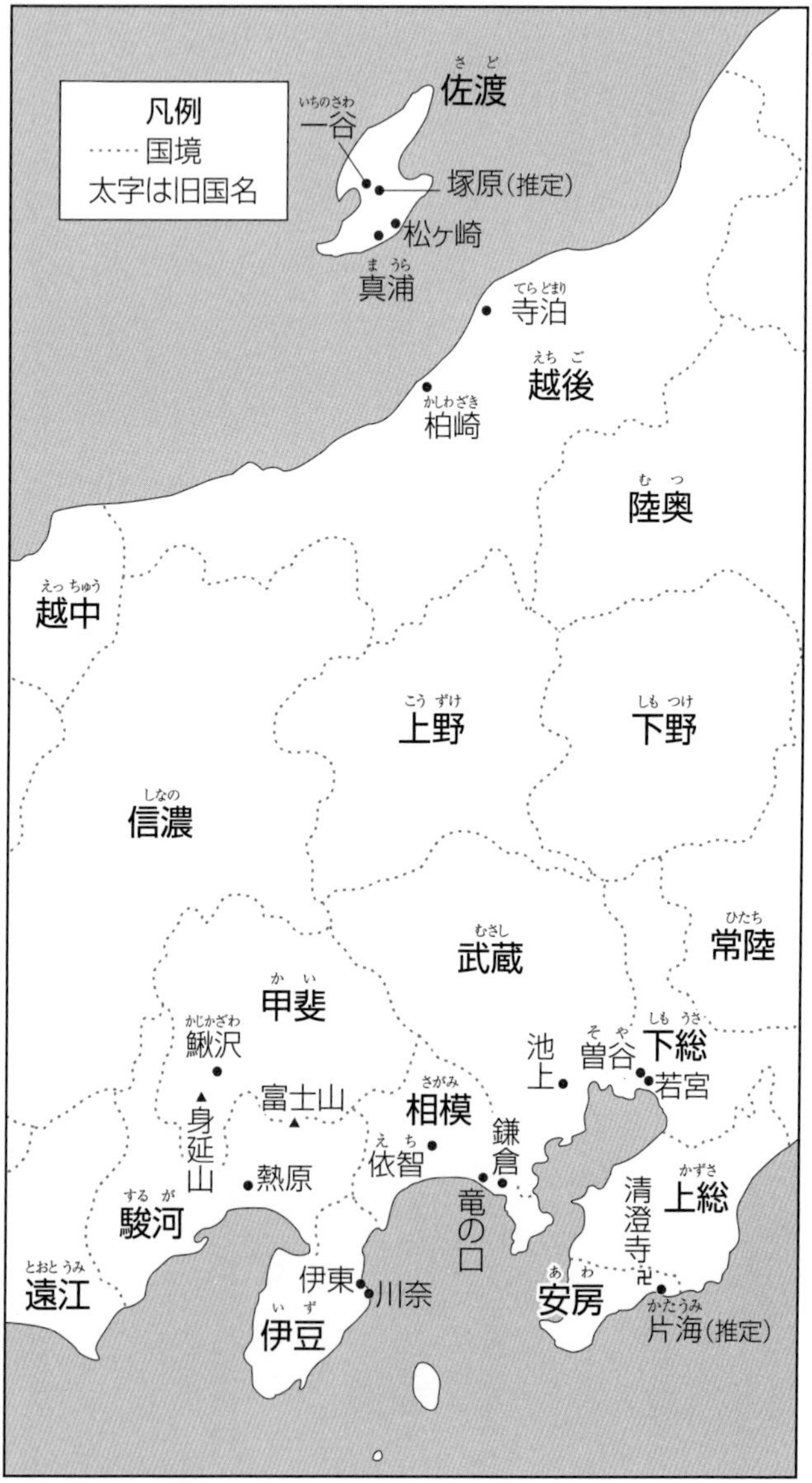

日蓮大聖人の主な足跡

*本文中、安房国東条郡、鎌倉、佐渡、甲斐・駿河、熱原の地図は、国土地理院の色別標高図を参考に作成

新尼《にいあま》・大尼《おおあま》

安房《あわ》

日蓮大聖人の故郷《こきょう》・安房国《あわのくに》（千葉県南部）に住む新尼《にいあま》・大尼《おおあま》。この二人の女性《じょせい》については、大聖人が新尼《にいあま》には御本尊を授与《じゅよ》し、一方、大尼《おおあま》に対しては授与《じゅよ》の願《ねが》いを断《ことわ》られたことが、よく知られています。二人の信心の姿勢《しせい》には、どのような違《ちが》いがあったのでしょうか。

安房在住《あわざいじゅう》の嫁《よめ》と姑《しゅうとめ》

新尼《にいあま》と大尼《おおあま》は、安房国東条郡《あわのくにとうじょうぐん》[1]（千葉県鴨川《かもがわ》市）の女性門下《じょせいもんか》です。「新尼《にいあま》」「大尼《おおあま》」という呼《よ》び名《な》から、二人は嫁《よめ》・姑《しゅうとめ》の関係《かんけい》と考えられます（新尼《にいあま》を大尼《おおあま》の娘《むすめ》、または孫《まご》の嫁《よめ》とする説《せつ》もあります）。新尼《にいあま》が大聖人から頂《いただ》いた「新尼御前御返事《にいあまごぜんごへんじ》」[2]には、御本尊の甚深《じんしん》の意義《いぎ》についての法門《ほうもん》が明かされていますので、新尼《にいあま》は仏法に造詣《ぞうけい》のある教養《きょうよう》の高い女性だったことがわかります。

大尼《おおあま》は、大聖人から「領家《りょうけ》の尼御前《あまごぜん》」と呼《よ》ばれた女性（８９１、８９５ページ参照）と同一人物で、東条郡内《とうじょうぐんない》の領家《りょうけ》（荘園領主《しょうえんりょうしゅ》）であったと推定《すいてい》されます。このことに加《くわ》え、大聖人が大尼《おおあま》のことを「日蓮《にちれん》が父母等《ぶもとう》に恩《おん》をかほらせたる人《ひと》」（８９５ページ）、「日蓮《にちれん》が重《じゅう》恩《おん》の人《ひと》」（９０６ページ）と仰《おお》せであることを考え合わせると、大尼《おおあま》は大聖人の両親をお世話しており、大聖人にも援助《えんじょ》していたようです。

大聖人が立宗宣言《りっしゅうせんげん》される建長《けんちょう》５年（１２５３年）前後、この東条郡《とうじょうぐん》の地頭《じとう》であった東条景信《とうじょうかげのぶ》が、大尼《おおあま》の領内《りょうない》にある二つの寺を奪《うば》うなどの土地侵犯《しんぱん》を企《くわだ》てたため、大尼《おおあま》との間に争《あらそ》いが起きました。具体的《ぐたいてき》には現地《げんち》の支配権《しはいけん》をめぐる訴訟《そしょう》と考えられますが、この時、大尼《おおあま》は大聖人に助けを求《もと》めたと思われます。この一件《いっけん》では、大聖人が大尼《おおあま》の援護《えんご》をされたことで、大尼《おおあま》は1年もたたずにこの窮地《きゅうち》を脱《だっ》することができました（8

1　御書には「東条《とうじょう》の郡《こおり》」（329ジペーなど）、あるいは「東条《とうじょう》の郷《ごう》」（1189ジペーなど）という語が出てくる。郡《ぐん》（「こおり」とも読む）や郷《ごう》は、もとは7世紀後半にはじまる律令制《りつりょうせい》度《ど》における地方の行政区画《ぎょうせいくかく》の単位《たんい》である。国の下に郡《ぐん》、その下に郷《ごう》が置《お》かれた。日蓮大聖人の時代には、荘園制《しょうえんせい》の普及《ふきゅう》により行政区画《ぎょうせいくかく》としての機能《きのう》を失《うしな》っていたが、地域区分《ちいきくぶん》の名称《めいしょう》として存続《そんぞく》していた。安房国《あわのくに》の東条《とうじょう》という地は、大聖人の御生涯《ごしょうがい》の前半では「長狭郡東条郷《ながさぐんとうじょうごう》」であった。御書中からは、遅《おそ》くとも「報恩抄《ほうおんしょう》」が著《あらわ》された建治《けんじ》2年（1276年）7月21日には「東条郡《とうじょうぐん》」となっていることがわかる。

2　「御前《ごぜん》」は敬称《けいしょう》。「尼《あま》」は、基本的《きほんてき》には女性《じょせい》の出家者を意味する。しかし、日蓮大聖人の時代、女性は夫《おっと》との死別《しべつ》や離婚《りこん》、自身や家族の病気、また老齢《ろうれい》を理由に、正式に出家して比丘《びく》尼《に》とならなくても、在家《ざいけ》のまま髪《かみ》を切るなどして尼《あま》となることが一般的《いっぱんてき》であった。新尼《にいあま》は、新《あら》たに尼《あま》になった人。大尼《おおあま》は、老尼《ろうあま》で特に孫がいる尼《あま》の敬称《けいしょう》。この大尼《おおあま》は「領家《りょうけ》の尼《あま》」と呼《よ》ばれたことから、荘園領主《しょうえんりょうしゅ》であった夫《おっと》に先立たれたため在《ざい》家《け》の尼《あま》となり、財産《ざいさん》を相続《そうぞく》して夫《おっと》に代わって領主《りょうしゅ》となった可能性《かのうせい》や、親から財産《ざいさん》を譲《ゆず》り与《あた》えられて領主《りょうしゅ》となった可能性《かのうせい》などが考えられる。なお当時の一般女性《いっぱんじょせい》には、個人名だけでなく、「新尼《にいあま》」「大尼《おおあま》」といった呼《よ》び名《な》が広く用いられていた。

94ジペー参照）。

大尼《おおあま》・新尼《にいあま》の二人が大聖人に帰依《きえ》したのは、この時期と推測《すいそく》されます。大聖人は二人に会われるたびに、妙法が「難信難解《なんしんなんげ》」（法華経が諸経典《しょきょうてん》の中で最《もっと》も信《しん》じがたく、理解《りかい》しがたいこと）であると教え、激励《げきれい》されました。

難《なん》に屈《くっ》した大尼《おおあま》、大聖人を支《ささ》える新尼《にいあま》

ところが、大尼《おおあま》の信心は「いつわりをろか」（906ジペー）でした。つまり、世間的《せけんてき》、表面的《ひょうめんてき》な風評《ふうひょう》や体裁《ていさい》に紛動《ふんどう》され、ある時は信《しん》じ、ある時は破《やぶ》るといった定《さだ》まらないものだったのです。

それが顕著《けんちょ》に現《あらわ》れたのが、文永《ぶんえい》8年（1271年）9月12日の竜《たつ》の口《くち》の法難《ほうなん》と、それに続《つづ》く佐渡流罪《さどるざい》の時です。鎌倉《かまくら》の門下が退転《たいてん》している当時の状況《じょうきょう》を、大聖人は新尼《にいあま》へのお手紙で「千が九百九十九人《にん》は堕《お》ちて候《そうろう》」（907ジペー）と仰《おお》せです。

こうした中で大尼《おおあま》も、信仰《しんこう》から離《はな》れてしまいます。佐渡《さど》に到着《とうちゃく》された同年10月、大

赫々《かっかく》と昇りゆく旭日。「太陽の仏法」は混迷の世界を照らす（千葉県鴨川市・東条海岸）

聖人は御自身が佐渡《さど》から大尼《おおあま》へ手紙を出していないことに触《ふ》れられ、「出したとしても領家《りょうけ》の尼御前《あまごぜん》はあまり親《した》しくしたいとは思わないのでしょう」（佐渡御勘気抄《さどごかんきしょう》、891ページ、通解）と仰《おお》せです。弾圧《だんあつ》の渦中《かちゅう》、大聖人から距離《きょり》を置《お》こうとする大尼《おおあま》の心中がうかがえます。

　対して、そのような状況《じょうきょう》でも、新尼《にいあま》は信心を捨《す》てませんでした。それどころか、佐《さ》渡《ど》にまで御供養《ごくよう》をお届《とど》けしています。大聖人の戦《たたか》いに連《つら》なり、大聖人ならびに教団《きょうだん》を守り支《ささ》えようとする「信心は目に見えて明らか」（907ページ、通解）だったのです。

御本尊の甚深《じんしん》の意義《いぎ》を明かされる

さて、文永《ぶんえい》11年（1274年）3月、大聖人は佐渡流罪《さどるざい》を赦免《しゃめん》になられ、さらに10月の蒙古軍《もうこぐん》の襲来《しゅうらい》（文永《ぶんえい》の役《えき》）により、大聖人の正しさが誰《だれ》の目にも明らかになります。[3] すると、一度は遠ざかっていた大尼《おおあま》も、再《ふたた》び信心をするようになったようです。

翌《よく》・文永《ぶんえい》12年（1275年）2月16日に著《あらわ》された「新尼御前御返事《にいあまごぜんごへんじ》」によると、大《おお》尼《あま》は大聖人に御本尊の授与《じゅよ》を願《ねが》い出《で》ています。しかし、このお手紙で大聖人は、難《なん》の際《さい》に退転《たいてん》した、信心の不安定《ふあんてい》な大尼《おおあま》には授与《じゅよ》することはできないと断《ことわ》られています。

本抄《ほんしょう》では、その理由を述《の》べています。そこでは「末法《まっぽう》広宣流布のための御本尊」という仏法上の意義《いぎ》が教えられます。

すなわち――大聖人が図顕《ずけん》された御本尊は、インドから中国・日本へと伝来《でんらい》した仏《ぶっ》教《きょう》の歴史《れきし》の中で前代未聞《ぜんだいみもん》である。また、この御本尊は法華経の寿量品《じゅりょうほん》で説《と》き明《あ》かされ、神力品《じんりきほん》で釈尊滅後《しゃくそんめつご》の悪世末法《あくせまっぽう》のために、「大地《だいち》の底《そこ》にかくしをきたる真《しん》の弟子《でし》」（90

5ジペー）である地涌《じゆ》の菩薩《ぼさつ》へ託《たく》された。そして大聖人御自身は、法華経に説《と》かれるとおりの迫害《はくがい》を受けながら妙法を弘通《ぐつう》された――と。

以上《いじょう》のことから、御本尊を授与《じゅよ》するかしないかの境目《さかいめ》は、受持《じゅじ》する人の心根に、師《し》である大聖人と共《とも》に難《なん》に屈《くっ》せず妙法を広める覚悟《かくご》、つまり「広宣流布の信心」があるかどうかであったと拝《はい》することができるでしょう。

大聖人は、たとえ多大な恩《おん》を受けてきたとしても、大尼《おおあま》に御本尊を授与《じゅよ》すれば、御自身が法義《ほうぎ》を曲げた「偏頗《へんぱ》の法師《ほっし》」（907ジペー）になってしまうとされています。

さらに、「大尼《おおあま》は自分の過《あやま》ちに気づかず、反対に私を恨《うら》むでしょう」（同ジペー、通解）と、御本尊を頂《いただ》けないことを知る大尼《おおあま》の心情《しんじょう》を思われ、詳《くわ》しくは弟子の助阿闍梨《すけのあじゃり》から丁寧《ていねい》に伝《つた》えようと配慮《はいりょ》されています。

3　日蓮大聖人は、「立正安国論《りっしょうあんこくろん》」で他国侵逼難《たこくしんぴつなん》（外国からの侵略《しんりゃく》。薬師経《やくしきょう》に説《と》かれる）を予言され、蒙古《もうこ》軍《ぐん》の襲来《しゅうらい》は、その予言の的中《てきちゅう》を意味する。

「たびたびの厚《あつ》い志《こころざし》」

一方、新尼《にいあま》については「佐渡国《さどのくに》までのお心づくしといい、この国（身延《みのぶ》）までのお心づくしといい、たびたびの厚《あつ》い志《こころざし》があって信心がたゆむ様子は見えないので」（907㌻、通解）と述《の》べられ、御本尊を授与《じゅよ》されています。

その上で大聖人は、新尼《にいあま》に「この先はどうであろうかと思うと、薄《うす》い氷を踏《ふ》み、太刀《たち》に向かうようである」（同㌻、通解）と仰《おお》せです。縁《えん》に紛動《ふんどう》されやすい人間の心の弱さを指摘《してき》され、生涯《しょうがい》、広宣流布に戦《たたか》う信心を確立《かくりつ》してほしいと、あえて厳《きび》しく指導《しどう》されていると拝《はい》されます。

新尼《にいあま》の信心を通して、池田先生は次のように指導《しどう》されています。

「新尼《にいあま》と呼《よ》ばれる、若《わか》い婦人の弟子は、周囲《しゅうい》の信心の濁《にご》りにも紛動《ふんどう》されず、たゆみなく行動を貫《つらぬ》き通しました。その強く清《きよ》らかな信心を、大聖人は大きな期待を込《こ》めて見守り、厳《きび》しくも温かく励《はげ》ましておられたのであります。

今でいえば、ヤング・ミセス[4]の皆《みな》さま方《がた》に通ずると、私は拝《はい》してきました。

ともあれ、いざという時に『戦《たたか》う心』を燃《も》やした人には、金剛《こんごう》の生命が輝《かがや》き、永遠《えいえん》不滅《ふめつ》の福徳《ふくとく》が積《つ》まれていくのであります」（1998年10月1日付聖教新聞）

大尼《おおあま》を粘《ねば》り強《づよ》く御指導《ごしどう》

まっすぐに師《し》を求《もと》める素直《すなお》な信心が光った新尼《にいあま》に対し、大尼《おおあま》の中途半端《ちゅうとはんぱ》な信心は、その後もなかなか直りませんでした。それでも大聖人は粘《ねば》り強《づよ》く御指導《ごしどう》を続《つづ》けられています。

弘安期《こうあんき》に送られた「大尼御前御返事《おおあまごぜんごへんじ》」では、大尼《おおあま》に対して「日蓮の弟子ではありません」（908ジペー、通解）とまで厳《きび》しく言われながらも、大尼《おおあま》の後生《ごしょう》（三世《さんぜ》の一つ、未来《みらい》世《せ》と同じ）を助けようと、「頭《こうべ》を割《わ》り身を責《せ》めて」（同ジペー、通解）祈《いの》ってみようと仰《おお》せです。

4　2019年に「ヤング白ゆり世代」の呼称《こしょう》で新出発。

新尼《にいあま》に対する大聖人のお手紙は、現在《げんざい》伝《つた》わっているものでは「新尼御前御返事《にいあまごぜんごへんじ》」の一編《いっぺん》のみです。しかしその内容《ないよう》は、堅固《けんご》な信心を信頼《しんらい》されていたからか、新尼《にいあま》への言及《げんきゅう》は少なく、むしろ大尼《おおあま》への配慮《はいりょ》に満《み》ちています。

陰《いん》に陽《よう》に大聖人が心を砕《くだ》かれるさまからは、ひとたび妙法に巡《めぐ》り合《あ》えた以上《いじょう》、断《だん》じて幸福の軌道《きどう》を確立《かくりつ》してほしい、とのご慈愛《じあい》が伝《つた》わってきます。

【関連御書】

新尼宛て：「新尼御前御返事」（904ジペー）

大尼宛て：「大尼御前御返事」（908ジペー）

【参考】

『勝利の経典「御書」に学ぶ』第12巻（「新尼御前御返事」講義）

コラム　荘園《しょうえん》における領主《りょうしゅ》と地頭《じとう》の争《あらそ》い

鎌倉《かまくら》時代の社会制度《せいど》を理解《りかい》するうえで欠《か》かせない概念《がいねん》が、「荘園《しょうえん》」です。荘園《しょうえん》とは、朝廷《ちょうてい》に認《みと》められた、貴族《きぞく》や寺社による土地の私有《しゆう》に関《かん》するしくみ（またはその私有地《しゆうち》）のことです。朝《ちょう》廷《てい》による公有地は公領《こうりょう》（国衙領《こくがりょう》）といいます。日本の全国の土地は、この荘園《しょうえん》と公領《こうりょう》とに分かれていました。

荘園《しょうえん》には朝廷《ちょうてい》による租税《そぜい》の徴収《ちょうしゅう》と役人《やくにん》の立ち入りを拒否《きょひ》する特権《とっけん》（不輸不入権《ふゆふにゅうけん》）が与《あた》えられ、荘園《しょうえん》を所有する領家《りょうけ》（あるいは本家《ほんけ》）に年貢《ねんぐ》が納《おさ》められていました。

こうしたところに、鎌倉幕府《かまくらばくふ》は、将軍《しょうぐん》と主従《しゅじゅう》関係《かんけい》を結《むす》んだ御家人《ごけにん》を「地頭《じとう》」に任命《にんめい》して荘園《しょうえん》や公領《こうりょう》に配置《はいち》し、現地《げんち》を支配《しはい》させます。地頭《じとう》は年貢《ねんぐ》の徴収《ちょうしゅう》・納入《のうにゅう》を担《にな》い、さらに土地の管理《かんり》や警察《けいさつ》を任務《にんむ》とします。

ところが、地頭《じとう》はこのような職権《しょっけん》を背景《はいけい》として、荘園《しょうえん》や公領《こうりょう》の年貢《ねんぐ》を納《おさ》めなかったり農民《のうみん》を私物化《しぶつか》したりするなど、現地《げんち》の支配権《しはいけん》を拡大《かくだい》したため、地頭《じとう》と領主層《りょうしゅそう》の間でしばしば訴訟《そしょう》が起きました。荘園領主《しょうえんりょうしゅ》（領家《りょうけ》）である大尼《おおあま》も、東《とう》条景信《じょうかげのぶ》はじめ地頭勢力《じとうせいりょく》から常《つね》に圧迫《あっぱく》を受けていたと考えられます。

光日尼《こうにちあま》

安房《あわ》

戦乱《せんらん》の世にあって最《もっと》も苦しむのは、いつも母と子です。その嘆《なげ》きの母子《ははこ》に確《たし》かな希望《きぼう》をもたらしてこそ、力《ちから》ある宗教《しゅうきょう》といえましょう。鎌倉《かまくら》時代、日蓮大聖人の信心指導《しどう》によって、子を失《うしな》った悲哀《ひあい》を懸命《けんめい》に乗《の》り越《こ》えていった一人の母がいました。光日尼《こうにちあま》です。

武士《ぶし》とその母

光日尼《こうにちあま》は、安房国東条郡天津《あわのくにとうじょうぐんあまつ》（千葉県鴨川市《かもがわし》天津《あまつ》）在住《ざいじゅう》の門下《もんか》で、夫《おっと》に先立たれた女《じょ》性《せい》です。この人には武士《ぶし》である息子《むすこ》・弥四郎《やしろう》がいて、彼《かれ》は「容貌《ようぼう》も立派《りっぱ》で、素直《すなお》な感じ」（928ジペー、趣意）でした。光日尼《こうにちあま》が大聖人に帰依《きえ》したきっかけや時期は、はっきりしませんが、弥四郎《やしろう》は幼《おさな》い頃《ころ》から母・光日尼《こうにちあま》と共《とも》に大聖人のことを尊敬申《そんけいもう》し上げていました（928～929ジペー参照）。

弥四郎《やしろう》の願《ねが》い

弥四郎《やしろう》は、仕《つか》えている主君《しゅくん》から、何らかの戦《いくさ》に参加《さんか》するよう命じられていたようです。ある時、苦悩《くのう》した彼《かれ》は、大聖人に御指導《ごしどう》を受けようと思い立ちます。弥四郎《やしろう》は大聖人の法華経の講義《こうぎ》に出席《しゅっせき》しました。大聖人の佐渡流罪以前《さどるざいいぜん》のことと思われます。その場には知らない人も多くいたので、弥四郎《やしろう》は大聖人に声を掛《か》けることはせず、あとで使いの者に手紙を持たせて御指導《ごしどう》を申《もう》し込《こ》みました。

その手紙には、次のように記《しる》されています。

「なれなれしいお願《ねが》いではありますが、ひそかに申し上げたいことがございます。

もっと度々《たびたび》お訪《たず》ねして次第にお見知りいただいてから申し上げるべきですが、弓矢をとる人に仕《つか》えていて暇《いとま》がない上、事が急になりましたので、非礼《ひれい》を顧《かえり》みず申し上げます」（929ジペー、通解）

弥四郎《やしろう》はすぐに大聖人から招《まね》かれました。大聖人と直接《ちょくせつ》ご対面したのはこれが初《はじ》めてだったかもしれません。弥四郎《やしろう》は、これまでの経緯《けいい》を詳《くわ》しく述《の》べたあと、必死《ひっし》に訴《うった》えます。

「世間は無常《むじょう》です。自分はいつ死ぬのか分かりません。しかも私は、武士《ぶし》にお仕《つか》えしている身です。その上、言《い》い渡《わた》されたことは逃《のが》れることができません。それにつけても後生《ごしょう》を思えば恐《おそ》ろしくて仕方ありません。どうかお助けください」（同ジペー、通解）

すべてを聞かれた後、大聖人は経文《きょうもん》を引いて教え、諭《さと》されました。

御指導《ごしどう》を受けた弥四郎《やしろう》は、こう申し上げました。

「夫《おっと》のいない母を差《さ》し置《お》いて自分が先に死んでしまえば、これほどの親不孝《おやふこう》はありません。自分にもしやのことがあったならば、母のことをよろしくとお弟子にお伝《つた》え

清澄山から太平洋を望む。若き日に清澄寺で学ばれた日蓮大聖人は、「日本第一《だいいち》の智《ち》者《しゃ》となし給《たま》へ」（888ページ）との誓いを立て、民衆救済の大道に踏み出された（千葉県鴨川市）

ください」（929ページ、通解）

弥四郎《やしろう》が孝行息子《こうこうむすこ》で、信心も堅固《けんご》であったことがうかがえます。

そして、弥四郎《やしろう》は、この問題を無事《ぶじ》乗《の》り越《こ》えることができました。

一通の手紙

それから時は過《す》ぎ、建治《けんじ》2年（1276年）、光日尼《こうにちあま》からの手紙が、身延《みのぶ》の大聖人のもとへ届《とど》きます。息子《むすこ》・弥四《やし》郎《ろう》の訃報《ふほう》でした。

そこには、大聖人が身延《みのぶ》に入山《にゅうざん》されて間もない文永《ぶんえい》11年（1274年）6月

8日、弥四郎《やしろう》が若《わか》くして亡《な》くなったと書かれていました。

この時、光日尼《こうにちあま》が深い深い悲しみに沈《しず》んでいたことは、想像《そうぞう》に難《かた》くありません。しかも、何らかの事情《じじょう》があったのか、光日尼《こうにちあま》はわが子の死を大聖人に2年間、報告《ほうこく》できないでいました。その間、母の苦悩《くのう》はいかばかりであったでしょう。

息子《むすこ》の訃報《ふほう》を記《しる》した手紙の中で、光日尼《こうにちあま》は大聖人に質問《しつもん》しました。

「弥四郎《やしろう》は人を殺《ころ》した者なので、後生《ごしょう》はどのようなところに生まれるでしょうか。教えを頂《いただ》きたい」（930ページ、通解）

生前に弥四郎《やしろう》が述《の》べていた不安《ふあん》と重なるものがあります。

渾身《こんしん》の励《はげ》まし

大聖人は、返書（「光日房御書《こうにちぼうごしょ》」）をしたためられました。

「届《とど》いたお手紙を開《ひら》かないでいたうちは嬉《うれ》しかったが、今この訃報《ふほう》を読んだ後には、どうしてこのように急いで開《ひら》いてしまったのだろうか、まるで浦島太郎《うらしまたろう》の玉手箱《たまてばこ》のよ

うであった。開《あ》けたことを悔《く》いたものである……」（928ジペー、通解）

法門《ほうもん》を諄々《じゅんじゅん》と述《の》べるだけではありません。母の苦しみに分け入り、希望《きぼう》の灯《ひ》をともしていく。その同苦《どうく》の息づかいは、まるで師《し》が光日尼《こうにちあま》の目の前で語りかけているようです。

先ほど述《の》べた生前の弥四郎《やしろう》と大聖人とのやりとりも、この返書に記《しる》されていることです。

お手紙を手にした光日尼《こうにちあま》は、息子《むすこ》がいかに日頃《ひごろ》から親思いであったかを知り、胸《むね》が熱《あつ》くなったにちがいありません。

この中で、大聖人は次のように教えられています。

「たとえ大きな罪《つみ》であっても、悔《く》い改《あらた》めて妙法を行《ぎょう》ずるなら、その罪《つみ》は消える」（930ジペー、通解）

「故《こ》・弥四郎殿《やしろうどの》がたとえ人を殺《ころ》して『悪人』と呼《よ》ばれてしまう人であったとしても、生みの母が釈迦仏《しゃかぶつ》の御宝前《ごほうぜん》で昼夜に嘆《なげ》き、追善《ついぜん》を行えば、どうして弥四郎殿《やしろうどの》が成仏《じょうぶつ》できないことがあるでしょうか。ましてや、法華経を信《しん》じていたのですから、親を導《みちび》く身となられているでしょう」（931ページ、通解）

大聖人がどこまでも、亡《な》き息子《むすこ》の確固《かっこ》たる信心を大切にされていることがうかがえます。そして、弥四郎《やしろう》が生死《しょうじ》を超《こ》えて、善知識《ぜんちしき》となって母を成仏《じょうぶつ》に導《みちび》いてくれるというのです。

その上でお手紙の結《むす》びで、大聖人は光日尼《こうにちあま》に、悪知識《あくちしき》にくれぐれも用心していくよう忠告《ちゅうこく》されます。また、地域《ちいき》の責任者《せきにんしゃ》である弟子と連携《れんけい》を取り、彼《かれ》らと会うたびに、このお手紙を読んでもらうよう指示《しじ》されています。さらに、周囲《しゅうい》が大聖人の悪口《わるくち》を言ったり、このお手紙を「日蓮の入《い》れ知恵《ぢえ》だ」と謗《そし》ったりしても、取り合うことのないようにと指導《しどう》されました。

蘇生《そせい》の事実

大聖人の大確信《だいかくしん》に触《ふ》れ、光日尼《こうにちあま》の心には生きる希望《きぼう》が湧《わ》いてきたことでしょう。光《こう》日尼《にちあま》は一途《いちず》に信心を貫《つらぬ》いていきました。数年後には、悲哀《ひあい》を乗《の》り越《こ》えていった自《みずか》らの信仰体験《しんこうたいけん》を大聖人に報告《ほうこく》申し上げています。

大聖人は御返事《ごへんじ》を送られ、母の信心を最大限《さいだいげん》にたたえられました。「心《こころ》の月《つき》くもりなく身《み》のあか《垢》きへはてぬ、即身《そくしん》の仏《ほとけ》なり」（９３４ページ）と。

光日尼《こうにちあま》が自《みずか》らの信心で得《え》た、晴《は》れやかな境涯《きょうがい》です。それは、生死《しょうじ》を超《こ》えて、わが子から生きる力《ちから》をもらったという、確《たし》かな実感でもあったことでしょう。

後に送られたお手紙[1]で大聖人は、こう約束《やくそく》されています。

「今、光日上人《こうにちしょうにん》は、わが子を思うあまり法華経の行者《ぎょうじゃ》となられました。母と子は必《かなら》ず共《とも》に霊山浄土《りょうぜんじょうど》に参《まい》ることができるでしょう。その時のご対面《たいめん》はどんなにか嬉《うれ》しいことでしょう」（同ページ、通解）

1　「心《こころ》の月《つき》…」とある「光日尼御返事《こうにちあまごへんじ》」は、これまで、いつ頃に御執筆《ごしっぴつ》されたのか、はっきりとしなかったが、最近の研究では弘安《こうあん》２年か同３年と考えられている。「今、光日上人《こうにちしょうにん》は…」とある「光日上人御返事《こうにちしょうにんごへんじ》」は弘安４年の御執筆とされている。

「光日上人《こうにちしょうにん》」とまで仰《おお》せです。「上人《しょうにん》」とは当時の高僧《こうそう》に対《たい》する尊称《そんしょう》ですが、大聖人はここで、無名《むめい》の一女性門下《もんか》に贈《おく》られました。生死の苦悩《くのう》からの解放《かいほう》という仏教《ぶっきょう》の根本目的《もくてき》から見ても、光日尼《こうにちあま》にこそふさわしい呼《よ》び名《な》であると拝《はい》されます。

死の悲しみは誰人《たれびと》にもあります。しかしまた、生も死も、限《かぎ》りなく尊《とうと》い生命の姿《すがた》であると見る道が必《かなら》ずある。光日尼《こうにちあま》が信心で蘇生《そせい》していった事実は、まさしくその証明《しょうめい》といえるでしょう。

【関連御書】

光日尼宛て：「光日房御書」（926ジペー）、「光日上人御返事」（932ジペー）、「光日尼御返事」（934ジペー）

【参考】

『勝利の経典「御書」に学ぶ』第9巻（「光日房御書」講義）、『創価学会永遠の五指針』（「一家和楽の信心」の章、「光日上人御返事」を講義）

永遠の家族の絆《きずな》を確信して

――池田先生の講義から

もちろん、凡夫《ぼんぷ》の身としては、死の別《わか》れは悲しく寂《さび》しい。肉身との別《わか》れほどの嘆《なげ》きはありません。病気や事故《じこ》で家族を失《うしな》うこと、あるいは、子どもに先立たれること。まさに、心が張《は》り裂《さ》けるような思いにかられます。悲しみが癒《い》えるまでには、時間がかかるでしょう。（中略）必《かなら》ず何かの深い意味があります。また、絶対《ぜったい》に、その意味を見つけることができる。分かる日が必《かなら》ず来《き》ます。どんなことがあろうとも、恐《おそ》れず惑《まど》わず、仏法《ぶっぽう》の眼《まなこ》で見つめて乗り切っていくのです。（中略）

ひとたび妙法に縁《えん》した人が断《だん》じて守られないわけがありません。たとえ事故《じこ》であれ、天災《てんさい》であれ、病気であれ、「心《こころ》を壊《やぶ》る能《あた》わず」（65ページ）です。

広宣流布の途上《とじょう》で亡《な》くなられた方々は、透徹《とうてつ》した信心の眼《まなこ》で見るならば、人類《じんるい》の宿命転換《しゅくめいてんかん》に挑《いど》み、今世《こんぜ》における使命を全《まっと》うした方々です。次なる生の準備《じゅんび》として、霊山《りょうぜん》へ旅立っているのです。

むしろ、妙法に縁《えん》した故人《こじん》は、必《かなら》ず霊山《りょうぜん》で私たちを見守っています。(中略)「本有《ほんぬ》の生死《しょうじ》」から見れば、私たちは、この世界にいようと、霊山《りょうぜん》にいようと、共《とも》に永遠《えいえん》に広宣流布を目指し、共々《ともども》に人類《じんるい》の宿命《しゅくめい》を転換《てんかん》するために戦《たたか》い続《つづ》ける「共戦《きょうせん》の友」であり、「妙法の家族」であり、「広布の同志《どうし》」なのです。

私たちが信心を根本に戦《たたか》っていけば、仏法の生死観《しょうじかん》を生命で実感し、納得《なっとく》する時が来《き》ます。事実、根底《こんてい》にそうした生死観《しょうじかん》を身につけた学会員が大勢《おおぜい》いらっしゃることは、皆《みな》さまがよくご存《ぞん》じの通りです。

(『勝利の経典「御書」に学ぶ』第9巻)

コラム

「立正安国《りっしょうあんこく》」は「一人」への励《はげ》ましから

門下《もんか》「一人」の境遇《きょうぐう》を知ると、日蓮大聖人の「立正安国《りっしょうあんこく》」の御闘争《ごとうそう》の具体的《ぐたいてき》な姿《すがた》が浮《う》かび上《あ》がってきます。

本文で示《しめ》した「光日房御書《こうにちぼうごしょ》」の記述《きじゅつ》は、鎌倉《かまくら》時代の武士《ぶし》の心が、日頃《ひごろ》から罪《つみ》の意識《いしき》や死後の不安《ふあん》にさいなまれていたことを示《しめ》す史料《しりょう》として貴重《きちょう》なものです。武士《ぶし》の中には、地獄《じごく》に堕《お》ちたくないために死後の救済《きゅうさい》を願《ねが》って、自分の館《やかた》の中に持仏堂《じぶつどう》を建《た》てたり、出家《しゅっけ》したりする者もいました。勇猛《ゆうもう》なイメージとは対照的《たいしょうてき》です。

生命の尊厳《そんげん》を説《と》く仏教《ぶっきょう》を信仰《しんこう》していながら、その一方で、生業《なりわい》として武器《ぶき》を手に取らざるを得《え》ない……。この武士《ぶし》の葛藤《かっとう》は、出自《しゅつじ》や時代状況《じょうきょう》、また社会制度《せいど》によって、不条理《ふじょうり》を抱《かか》え込《こ》まざるをえなかった苦悩《くのう》といえるでしょう。

このように人々が時代に翻弄《ほんろう》される苦悩《くのう》を、大聖人は「わが苦しみ」とされました。大聖人は「立正安国論《りっしょうあんこくろん》」で「天下泰平《てんかたいへい》・国土安穏《こくどあんのん》こそ主君《しゅくん》も臣下《しんか》も求《もと》めるもの」（26ページ、通解）と客に語らせていますが、これは当時の武士《ぶし》の切実な願《ねが》いを代弁《だいべん》しているといえます。

大聖人が、光日尼《こうにちあま》のような眼前《がんぜん》の一人を、本人が立ち上がるまで温《あたた》かく励《はげ》まし続《つづ》けられたことは、まさしく時代や社会がもつ悲劇《ひげき》との戦《たたか》いでもあったのです。

工藤殿《くどうどの》

安房《あわ》

日蓮大聖人に対する迫害《はくがい》は、文応《ぶんおう》元年（1260年）の「立正安国論《りっしょうあんこくろん》」の提出《ていしゅつ》を機《き》に、日に日に強まっていきました。松葉《まつば》ケ谷《がやつ》の法難《ほうなん》、伊豆《いず》流罪《るざい》……。

そして小松原《こまつばら》の法難《ほうなん》は、御書からうかがい知れるものとしては、初《はじ》めて門下《もんか》の中から死者が出るという苛烈《かれつ》なものでした。この法難《ほうなん》で大聖人をお守りした工藤殿《くどうどの》を紹介《しょうかい》します。

「四恩抄《しおんしょう》」を頂《いただ》く

工藤殿《くどうどの》は、安房国東条郡天津《あわのくにとうじょうぐんあまつ》（千葉県鴨川市《かもがわ》天津《あまつ》）在住《ざいじゅう》の門下《もんか》です。伝承《でんしょう》では「吉隆《よしたか》」の名が伝《つた》えられています。

弘長《こうちょう》元年（1261年）5月、幕府《ばくふ》は理不尽《りふじん》にも、大聖人を伊豆《いず》の伊東《いとう》への流罪《るざい》に処《しょ》しました。流罪中《るざいちゅう》の同2年（1262年）1月16日、大聖人は工藤殿《くどうどの》に「四恩抄《しおんしょう》」を与《あた》えられています。

このお手紙の中で大聖人は、流罪《るざい》という難《なん》を受けていることが、御自身が法華経の行者《ぎょうじゃ》であることの証明《しょうめい》になっていると述《の》べられ、喜《よろこ》ばれています。

安房国東条郡《あわのくにとうじょうぐん》周辺

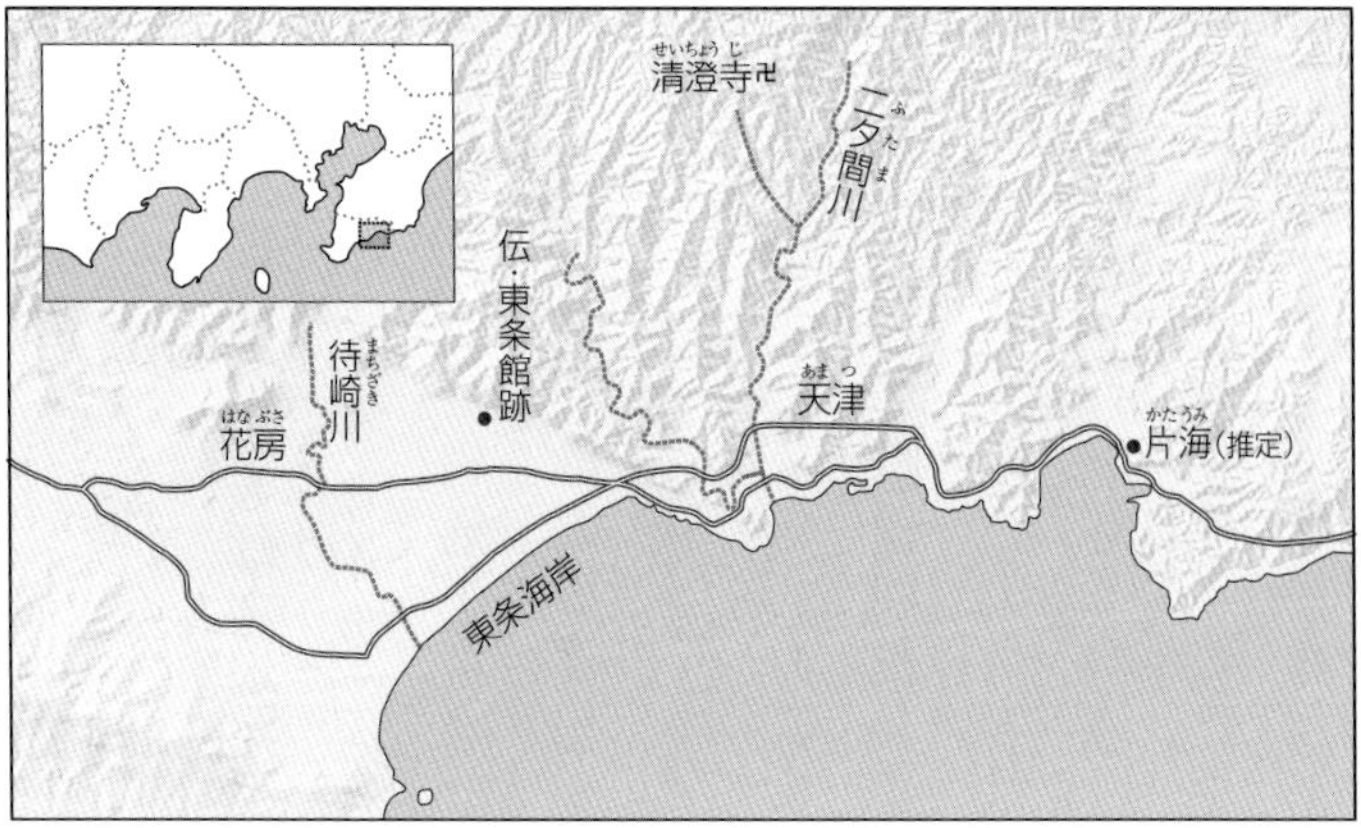

地頭・東条景信《とうじょうかげのぶ》の襲撃《しゅうげき》

約1年9カ月に及《およ》ぶ伊豆流罪《いずるざい》が赦免《しゃめん》になって鎌倉《かまくら》へ帰られた後、大聖人は文永《ぶんえい》元年（1264年）秋、母の病気が重いため、故郷《こきょう》の安房《あわ》へ帰省《きせい》されました。大聖人の祈《いの》りによって母は回復《かいふく》しましたが、大聖人はその後もこの地にとどまり、弘教《ぐきょう》されていました。

愛する門下を失い、御自身も傷を負われた「小松原の法難」に遭《あ》ってもなお、大聖人が大法弘通の歩みを止めることはなかった（千葉県鴨川市）

文永元年《ぶんえい》（１２６４年）11月11日、大聖人は10人ばかりのお供《とも》を連《つ》れて西条花房《さいじょうはなぶさ》の宿所《しゅくしょ》から工藤殿《くどうどの》の館《やかた》に向かわれました。その途中《とちゅう》、午後5時ごろ、大聖人一行が東条《とうじょう》の松原大路《まつばらおおじ》（大きな通り）を歩いていると、待《ま》ち伏《ぶ》せしていた地頭の東条景信《とうじょうかげのぶ》が、武《ぶ》装《そう》した配下を引きつれて襲《おそ》い掛《か》かってきたのです（小松原《こまつばら》の法難《ほうなん》）。

念仏《ねんぶつ》の強信者《ごうしんじゃ》である東条景信《とうじょうかげのぶ》は、大聖人が「念仏《ねんぶつ》は無間地獄《むけんじごく》の業《ごう》である」と破折《はしゃく》されていたことから、大聖人を激《はげ》しく憎《にく》んでいました。それだけでなく、この地の荘園《しょうえん》領主《りょうしゅ》（領家《りょうけ》）である大尼《おおあま》との領地《りょうち》の支配権《しはいけん》をめぐって訴訟《そしょう》になった際《さい》に、大聖人が大《おお》尼《あま》に味方をされたことにより敗北《はいぼく》の憂《う》き目《め》にあったことから、大聖人に大きな恨《うら》みを抱《いだ》いていたのです（本書9ページ、「新尼・大尼」を参照）。

この襲撃事件《しゅうげきじけん》の模様《もよう》について大聖人は、東条景信一派《とうじょうかげのぶいっぱ》の数を「数百人《すうひゃくにん》」（１４９８ページ）と仰《おお》せです。また、「（敵が）射《い》る矢は降《ふ》る雨のようであり、打つ太刀《たち》は稲妻《いなずま》のようであった」（同ページ、通解）と仰《おお》せになっているように、何《なん》の武装《ぶそう》もしていない大聖人一行に対し、東条側《とうじょうがわ》は猛攻《もうこう》を加《くわ》えたのです。

弟子の応戦《おうせん》

しかも、大聖人の側《がわ》は、応戦《おうせん》し得《う》るものはわずか3、4人ほど――。到底《とうてい》勝ち目のない戦《たたか》いです。それでも、死力《しりょく》を尽《つ》くして奮戦《ふんせん》しました。

おそらく、急を知って工藤殿《くどうどの》が駆《か》け付《つ》け、必死《ひっし》になって戦《たたか》ったことで、東条方《とうじょうがた》は引《ひ》き揚《あ》げたのだろうと思われます。

残念《ざんねん》なことに、弟子の一人は打《う》ち殺《ころ》されました。さらに二人は重傷《じゅうしょう》を負いました。大聖人も額《ひたい》に深手《ふかで》を負われ、左の手を骨折《こっせつ》されました。

大聖人御自身《ごじしん》が、「もはやこれまでというありさまであったが、どうしたことだろうか、打《う》ちもらされて、今まで生きている」(1498ジペー、通解)と仰《おお》せのように、危《あや》うく難《なん》を逃《のが》れられたのです。

しかし、工藤殿《くどうどの》はこの戦《たたか》いで、瀕死《ひんし》の重傷《じゅうしょう》を負い、それがもとで間もなく死去したと考えられています。それでも、一身をなげうって大聖人をお守りした尊《とうと》い不惜身命《ふしゃくしんみょう》の信心は、不滅《ふめつ》の輝《かがや》きを放っています。

【関連御書】

工藤殿宛て：「四恩抄」（935ジペー）

【参考】

「世界を照らす太陽の仏法」第20回（2016年12月号「大白蓮華」、「四恩抄」を講義）、『勝利の経典「御書」に学ぶ』第10巻（「四恩抄」講義）

コラム

法華経身読《しんどく》の喜び

「うれしさ申《もう》し尽《つ》くし難《がた》く候《そうろう》」（936ページ）、「人間《にんげん》に生を受《う》けて是《こ》れ程《ほど》の悦《よろこ》びは何事《なにごと》か候《そうろう》べき」（937ページ）――日蓮大聖人は、伊豆流罪《いずるざい》の渦中《かちゅう》に御自身の心境《しんきょう》を、こう記《しる》されました。

法華経には、「如来現在猶多怨嫉《にょらいげんざいゆたおんしつ》。況滅度後《きょうめつどご》（釈尊《しゃくそん》の在世《ざいせ》ですら、敵対《てきたい》・反発は多かった。ましてや滅後《めつご》は、なおさらである）」（法華経362ページ）の経《きょう》文《もん》に代表されるように、この経《きょう》を受持《じゅじ》し広める者が必《かなら》ず迫害《はくがい》に遭《あ》うことが予言されています。

大聖人は、特《とく》に伊豆流罪以降《いずるざいいこう》、御自身が経文通《きょうもんどお》りに、法華経弘通《ぐつう》ゆえに難《なん》を受ける、身読《しんどく》の歓《かん》喜《き》を度々《たびたび》表明されます。

小松原《こまつばら》の法難《ほうなん》のわずか1カ月後には、「南条《なんじょう》兵衛七郎殿御書《ひょうえしちろうどのごしょ》」を認《したた》められ、病床《びょうしょう》に苦しむ南《なん》条時光《じょうときみつ》の父を激励《げきれい》されました。同抄《どうしょう》でも、小松《こまつ》原《ばら》の法難《ほうなん》を述懐《じゅっかい》されたうえで、法華経ゆえに大《だい》難《なん》に遭《あ》ったのは御自身一人だけであると断言《だんげん》されます。また、「いよいよ法華経の信心を増《ま》すばかりである」「日蓮は日本第一の法華経の行《ぎょう》者《じゃ》である」（1498ページ、通解）と仰《おお》せになっています。

自身の命を狙《ねら》われる危険《きけん》、度重《たびかさ》なる謀略《ぼうりゃく》や弟子の背信《はいしん》、門下《もんか》を殺《ころ》される悲しみといった、どれほど過酷《かこく》な苦難《くなん》が襲《おそ》いかかろうと、大聖人の御書に、悲壮感《ひそうかん》や恨《うら》みはまったくありません。むしろ、末法《まっぽう》の一切衆生《いっさいしゅじょう》を導《みちび》く法華経の行者《ぎょうじゃ》としての使命感に満《み》ちあふれています。

池田先生は、次のように講義《こうぎ》されています。

「大聖人はどこまでも凡夫《ぼんぷ》として振《ふ》る舞《ま》われ、凡夫《ぼんぷ》として大難《だいなん》と戦《たたか》い、そこに成仏《じょうぶつ》の厳《げん》たる軌《き》道《どう》があることを示《しめ》してくださった。ゆえに、幾《いく》多《た》の難《なん》を勝ちぬかれた御姿《おすがた》は、『人間とはかくも偉大《いだい》なり』との証明《しょうめい》にほかならない。

大難《だいなん》に耐《た》えぬいて、『難即成仏《なんそくじょうぶつ》』の大道を身をもって切り開《ひら》かれた。凡夫《ぼんぷ》成仏《じょうぶつ》、人間勝利《しょうり》の真髄《しんずい》を示《しめ》されたのです」（『御書の世界』、『池田大作全集』第32巻所収）

広宣流布の大願《だいがん》を貫《つらぬ》く人間の境涯《きょうがい》が、いかに晴れやかで歓喜《かんき》に満《み》ちたものか。大聖人はそれを、御自身の生き方をもって示《しめ》していかれたのです。

国府入道夫妻《こうにゅうどうふさい》

佐渡《さど》

佐渡流罪中《さどるざいちゅう》の日蓮大聖人は、役人に監視《かんし》され、衣食《いしょく》に事欠《ことか》く生活を強《し》いられる一方、大聖人を憎《にく》む念仏者《ねんぶつしゃ》らから命を狙《ねら》われるなど、苦難《くなん》の連続《れんぞく》でした。その中にあって、大聖人を慕《した》い、帰依《きえ》する人々が、次々と現《あらわ》れました。特《とく》に、佐渡《さど》の門下《もんか》の中心的《ちゅうしんてき》な存《そん》在《ざい》として、阿仏房《あぶつぼう》・千日尼夫妻《せんにちあまふさい》とともに、大聖人をお守《まも》りしたのが、国府入道夫妻《こうにゅうどうふさい》でした。

国府入道夫妻《こうにゅうどうふさい》の生没年《せいぼつねん》や家柄《いえがら》など、詳《くわ》しいことは分かっていませんが、佐渡国《さどのくに》の国《こく》府《ふ》（朝廷《ちょうてい》が国ごとに設置《せっち》した役所の所在地《しょざいち》）に住んでいたことから、夫《おっと》は「国府入道《こうにゅうどう》」と呼《よ》ばれていました。

同じ佐渡《さど》の門下《もんか》として

夫妻《ふさい》に宛《あ》てられたお手紙は、少なくなかったと思われますが、現在《げんざい》、残《のこ》っているのは2通だけです。しかし、阿仏房《あぶつぼう》の妻《つま》である千日尼《せんにちあま》に宛《あ》てたお手紙にも、国府入道夫《こうにゅうどうふ》妻《さい》に関《かん》する記述《きじゅつ》がいくつかあり、これらの内容《ないよう》から、国府入道夫妻《こうにゅうどうふさい》はそろって純真《じゅんしん》に信心を貫《つらぬ》き、阿仏房夫妻《あぶつぼうふさい》と励《はげ》まし合っていたことが分かります。

建治《けんじ》元年（1275年）6月のお手紙からは、国府入道《こうにゅうどう》は、妻《つま》・尼御前《あまごぜん》からの御供《ごく》養《よう》の品である単衣《ひとえ》（裏地《うらじ》をつけない衣服《いふく》）と、千日尼《せんにちあま》から託《たく》された御供養《ごくよう》の銭《ぜに》300文《もん》をたずさえて、身延《みのぶ》の大聖人のもとを訪《おとず》れたことがうかがえます。単衣《ひとえ》を真夏に送ったのは、〝少しでも涼《すず》しいように〟との、こまやかな心遣《こころづか》いだったのでしょう。

国府入道《こうにゅうどう》の妻《つま》である尼御前《あまごぜん》に対し、大聖人はお手紙で「阿仏房《あぶつぼう》の尼《あま》（千日尼《せんにちあま》）と『同心《どうしん》』なのだから、二人そろって、この手紙を人に読んでもらって聞きなさい」（1

３２４ジ《ペー》、通解）と仰《おお》せです。

二人が日ごろから仲《なか》よく、常《つね》に励《はげ》まし合っていたことがうかがえます。

また、大聖人が「同心《どうしん》」と記《しる》された背景《はいけい》には、権力者《けんりょくしゃ》からの圧迫《あっぱく》も恐《おそ》れることなく、団結《だんけつ》して大聖人を守《まも》り抜《ぬ》いた信心強き二人の姿《すがた》を思われてのことではないかと拝《はい》されます。「異体同心《いたいどうしん》」の団結《だんけつ》の信心に励《はげ》むことがいかに大切か。それを教えてくださっている御文《ごもん》ともいえます。

命懸《いのちが》けの外護《げご》

国府入道夫妻《こうにゅうどうふさい》が流罪中《るざいちゅう》の大聖人を外護《げご》したことは、文字通《もじどお》り、命懸《いのちが》けの戦《たたか》いでした。

大聖人は同じ御書の中で、「国府入道夫妻《こうにゅうどうふさい》は、私が佐渡国《さどのくに》にいる間、人目を忍《しの》んで夜中に食べ物を届《とど》けてくださいました。ある時は国からの処罰《しょばつ》も恐《おそ》れず、日蓮の身代《みが》わりにさえなろうとしてくださいました」（１３２５ジ《ペー》、通解）と述懐《じゅっかい》されています。

これが、入信間《にゅうしんま》もない夫妻《ふさい》の信心だったのです。

さらに大聖人は、佐渡《さど》から鎌倉《かまくら》に帰られる時の心情《しんじょう》を「つらかった佐渡国《さどのくに》でしたけれども、（赦免《しゃめん》されて別《わか》れる時は、名残惜《なごりお》しく）剃《そ》った髪《かみ》を後ろに引かれ、進もうとする足も後ろに戻《もど》ってしまいました」（1325ページ、通解）と仰《おお》せです。

人の心は移《うつ》ろいやすいものです。親しかった人でも、互《たが》いに遠く離《はな》れてしまい、月日が経《た》てば、人間の情《じょう》は薄《うす》れていくのが世の常《つね》です。ところが夫妻《ふさい》は、「（身延《みのぶ》と佐渡《さど》では）国も遠く隔《へだ》たり、年月も経《た》っているのに、信仰《しんこう》に緩《ゆる》みが出るどころか、ますます強《ごう》盛《じょう》な信心の姿《すがた》を現《あらわ》している」（1323ページ、趣意）と大聖人が称賛《しょうさん》されたように、師匠《ししょう》を求《もと》める心を強めていったのです。

当時は、遠い道のりを女性《じょせい》が訪《たず》ね歩くことがかなり難《むずか》しい時代でした。

佐渡周辺

その事情《じじょう》を思えば、国府尼《こうあま》は、〝佐渡《さど》から遠く離れた身延の大聖人と再会することは、とうてい叶《かな》わないことだ〟と、頭では分かっていたでしょう。そうした心を推《お》し量《はか》るように、大聖人は、国府尼《こうあま》に励《はげ》ましの言葉を送り、労《ねぎら》われています。「日蓮を恋《こい》しく思われるなら、いつも昇《のぼ》る太陽、夕《ゆう》べに出る月をご覧《らん》になってください」（1325ジペー、通解）と。

大聖人の温《あたた》かいお心が、にじみあふれた御文《ごもん》です。この御文《ごもん》を拝《はい》した国府尼《こうあま》は、朝も昼も夜も、大空を見上げるたびに、大聖人の慈顔《じがん》を仰《あお》ぐ思いだったでしょう。まさに、「心《こころ》こそ大切《たいせつ》なれ」のうるわしい世界です。

不安《ふあん》の友を包《つつ》み込《こ》む

大聖人は国府入道夫妻《こうにゅうどうふさい》に、こうも仰《おお》せです。

「あなた方《がた》には子どもはいらっしゃらないが、教主釈尊《きょうしゅしゃくそん》が、あなた方《がた》の慈父《じふ》であり、日蓮はまた、あなた方《がた》の子どもと同じです。……蒙古《もうこ》の襲来《しゅうらい》があった時には、この身《み》延《のぶ》の私のところへお越《こ》しください。ご子息《しそく》もいらっしゃらないのだから、行く末《すえ》には、こちらに移《うつ》っておいでになればよい」（1323ジペー、趣意）

なんと人間的《にんげんてき》な温《あたた》かみにあふれた激励《げきれい》でしょうか。

もとより大聖人は、「どのような地に住んだとしても、無常《むじょう》のすみかである。成仏《じょうぶつ》することこそ、最終《さいしゅう》の常住《じょうじゅう》のすみかであると心に決めていきなさい」（同ジペー、通解）と仰《おお》せです。信心とは住んでいる場所で決まるものではなく、成仏《じょうぶつ》の境涯《きょうがい》を得《え》ることこそが、最《もっと》も肝要《かんよう》であると、深い信心の自覚《じかく》を促《うなが》されています。

その上で、当時は、再度《さいど》の蒙古襲来《もうこしゅうらい》への不安《ふあん》があった時期でもあり、大聖人は夫妻《ふさい》に、行く末《すえ》は身延《みのぶ》へ移《うつ》り住《す》んではどうかと勧《すす》められたのです。

また、疫病《えきびょう》が日本中に蔓延《まんえん》していた、弘安《こうあん》元年（1278年）7月に認《したた》められた千《せん》日尼《にちあま》へのお手紙には、遠く佐渡《さど》にいる阿仏房夫妻《あぶつぼうふさい》と国府入道夫妻《こうにゅうどうふさい》の身を案《あん》じられていたことが記《しる》されています。

――身延《みのぶ》の大聖人のもとを、突然《とつぜん》、阿仏房《あぶつぼう》が訪《たず》ねてきます。

阿仏房《あぶつぼう》を見つけた大聖人は、「千日尼御前《せんにちあまごぜん》はご無事《ぶじ》でしょうか？　国府入道殿《こうにゅうどうどの》はどうであろうか？」と問われました。

阿仏房《あぶつぼう》は、報告《ほうこく》しました。「まだ疫病《えきびょう》にかかっていません。国府入道《こうにゅうどう》は、私と一緒《いっしょ》にこちら（身延《みのぶ》）へ向かいましたが、早稲《わせ》刈りの時期が近づき、手伝《てつだ》ってくれる子どもがいないため、やむなく途中《とちゅう》で引き返しました」（1314ジペー、通解）と。

刈《か》り入《い》れ時期が迫《せま》る状況《じょうきょう》の中にあっても、大聖人を求め抜《ぬ》いた国府入道《こうにゅうどう》の求道心《きゅうどうしん》がうかがえます。一度は家を出たものの、予定通りに佐渡《さど》に帰ってこられないことが明らかになり、国府入道《こうにゅうどう》は、やむなく大聖人を訪《たず》ねることを断念《だんねん》します。

必死《ひっし》の思いで身延《みのぶ》に来《き》た阿仏房《あぶつぼう》、無念《むねん》に引き返した国府入道《こうにゅうどう》。両者の気持ちをくみ取られた上で、大聖人は佐渡《さど》の門下《もんか》たちが無事《ぶじ》であることに対し、「死んだ父母が夢《ゆめ》の中に現《あらわ》れ出《で》たのを見て喜《よろこ》んでいるような気持ちです」（同ジペー、趣意）と仰《おお》せになっています。

国府入道夫妻《こうにゅうどうふさい》は、この大聖人の御心情《ごしんじょう》に、どれほど感激《かんげき》したか計《はか》り知《し》れません。

どんなに遠く離《はな》れていても、弟子の無事《ぶじ》と健康《けんこう》を気にかけ、成長《せいちょう》を祈《いの》る師《し》。師《し》の慈《じ》愛《あい》に応《こた》え、師《し》を守《まも》り、求《もと》め続《つづ》けた佐渡《さど》の門下《もんか》たち。この師弟《してい》の絆《きずな》の力《ちから》によって、佐渡《さど》における地域《ちいき》広布は大きく進んでいったことでしょう。

【関連御書】
国府入道宛て：「国府入道殿御返事」（1323ジペー）
国府尼御前宛て：「国府尼御前御書」（1324ジペー）

「苦労《くろう》は我《わ》が身《み》に」と支《ささ》え合う

——池田先生の講義から

阿仏房《あぶつぼう》や国府入道《こうにゅうどう》は、ま夜中《よなか》に櫃《ひつ》を背負《せお》い、給仕《きゅうじ》の誠《まこと》を尽《つ》くされた。念仏者《ねんぶつしゃ》や役人の目にとまれば大変《たいへん》でした。彼《かれ》らは、昼も夜も大聖人の庵室《あんしつ》の側《そば》に立って監視《かんし》をしている。見つかれば、追放や入牢《にゅうろう》です。（中略）それでも、阿仏房夫妻《あぶつぼうふさい》や国府入道夫妻《こうにゅうどうふさい》は、恐《おそ》れなかった。ある時は、大聖人の身代《みが》わりになろうとしたと仰《おお》せです。

師匠《ししょう》だけに苦労《くろう》させておけるものか。師匠《ししょう》の分まで、自分が代《か》わりに難《なん》を受けたい——そういう心だったのです。なんと不思議《ふしぎ》な人たちでしょう。大聖人は、「いつの世であっても絶対《ぜったい》に忘《わす》れることはありません」と仰《おお》せです。師《し》も弟子も「苦労《くろう》は我《わ》が身《み》に」と支《ささ》え合ったのです。国府入道《こうにゅうどう》たちの誉《ほま》れは永遠《えいえん》です。末法万年尽未来際《まっぽうまんねんじんみらいさい》まで、全人類《ぜんじんるい》から忘《わす》れられることなく、たたえられていくにちがいありません。

（『永遠の経典「御書」に学ぶ』第2巻）

大学三郎夫妻と大学允《だいがくさぶろうふさいとだいがくのじょう》

鎌倉《かまくら》

日蓮大聖人は、幕府《ばくふ》が置《お》かれた鎌倉《かまくら》で立正安国《りっしょうあんこく》の戦《たたか》いを起こされました。政治《せいじ》・経済《けいざい》の中心地で戦《たたか》えば、そのぶん非難《ひなん》や迫害《はくがい》が大きくなりますが、それでも鎌倉《かまくら》を主戦場《しゅせんじょう》とされました。その鎌倉《かまくら》において、豊《ゆた》かな教養《きょうよう》と強盛《ごうじょう》な信心で師《し》を支《ささ》えた大学三郎《だいがくさぶろう》とその家族に焦点《しょうてん》をあてます。

信頼厚《しんらいあつ》き能書家《のうしょか》

大学三郎《だいがくさぶろう》は鎌倉在住《かまくらざいじゅう》の御家人《ごけにん》で、日蓮大聖人が「立正安国論《りっしょうあんこくろん》」を北条時頼《ほうじょうときより》に提出《ていしゅつ》された文応《ぶんおう》元年（1260年）ごろに入信《にゅうしん》した門下《もんか》の一人といわれていますが、その詳《しょう》細《さい》は不明です。大学三郎《だいがくさぶろう》が「立正安国論《りっしょうあんこくろん》」を書写《しょしゃ》していたことも知られています。

御書で大学三郎《だいがくさぶろう》の動静《どうせい》がうかがえるのは、大聖人が晩年《ばんねん》、身延《みのぶ》に移《うつ》られた後のものからです。

建治《けんじ》元年（1275年）7月2日、大聖人は大学三郎《だいがくさぶろう》に「大学三郎殿御書《だいがくさぶろうどのごしょ》」（1203ページ）を送られています。

このお手紙は、諸宗《しょしゅう》の邪義《じゃぎ》を破折《はしゃく》した内容《ないよう》で、日常《にちじょう》生活や信心には触《ふ》れられていません。しかし、漢文体《かんぶんたい》で書かれたものであることから、大学三郎《だいがくさぶろう》の学識《がくしき》の高さがわかります。

このほか、同じ鎌倉《かまくら》の四条金吾《しじょうきんご》宛《あ》てのお手紙で、大聖人は、「大学三郎殿《だいがくさぶろうどの》や池上《いけがみ》右衛門大夫殿《えもんのたいふどの》（＝池上宗仲《いけがみむねなか》）は日蓮の言った通りにされたから、祈《いの》りが叶《かな》ったように思われます」（1151ページ、通解）と仰《おお》せです。

また、所領没収《しょりょうぼっしゅう》の危機《きき》にあった四条金吾《しじょうきんご》のために大聖人が代筆された弁明書《べんめいしょ》「頼基《よりもと》陳状《ちんじょう》」（1153ジペー）の清書《せいしょ》を、大学三郎《だいがくさぶろう》などに依頼《いらい》するようにと「四条金吾殿御返事《しじょうきんごどのごへんじ》（不可惜所領事《ふかしゃくしょりょうのこと》）」のなかで御指南《ごしなん》されています（1164ジペー）。

このように、大学三郎《だいがくさぶろう》は信心強盛《ごうじょう》で、大聖人からの信頼《しんらい》が厚《あつ》い能書家《のうしょか》だったのです。

信心強盛《ごうじょう》な夫人《ふじん》

大学三郎《だいがくさぶろう》とともに、夫人《ふじん》も早くから大聖人に帰依《きえ》していたようです。弘長《こうちょう》3年（1263年）、大聖人は伊豆流罪《いずるざい》を赦免《しゃめん》され、鎌倉《かまくら》に戻《もど》られます。翌・文永《ぶんえい》元年（1264年）4月17日に著《あらわ》された「月水御書《がっすいごしょ》」（1199ジペー）は、夫人《ふじん》に宛《あ》てられたものと考えられています。

本抄《ほんしょう》は、夫人《ふじん》が在家《ざいけ》の女性門下《じょせいもんか》における修行《しゅぎょう》の在《あ》り方《かた》などを大聖人に尋《たず》ねたことへの御返事《ごへんじ》です。

本抄《ほんしょう》に引用された夫人《ふじん》の手紙には、毎日、法華経を一品《いっぽん》ずつ読誦《どくじゅ》するなど、健気《けなげ》に信心に励《はげ》む夫人《ふじん》の様子がうかがえます。

大聖人は、「このお手紙を拝見《はいけん》することは、（3千年に一度開花する）優曇華《うどんげ》を見るよりも珍《めずら》しく、（千年に一度海上に浮《う》かび上《あ》がる）一眼《いちげん》の亀《かめ》が浮木《ふぼく》の穴《あな》に値《あ》うよりもまれな、心から尊《とうと》いこと」（1200ジペー、通解）であると称賛《しょうさん》されています。

そして、まず法華経の功徳《くどく》の甚大《じんだい》さを説《と》かれ、次に方便《ほうべん》・寿量《じゅりょう》の二品《にほん》の勤行と南無妙法蓮華経の唱題を実践《じっせん》すべきことを明記《めいき》されています。

大聖人の御配慮《ごはいりょ》

古来、日本では「月水《がっすい》（＝月経《げっけい》）」を不浄《ふじょう》とする観念《かんねん》が根強かったようです。本抄《ほんしょう》で大聖人は、特《とく》に仏典《ぶってん》になく、根拠《こんきょ》のないことなので、まったく忌《い》み嫌《きら》うべきものではなく、むしろ命を継《つ》ぐために大切な、生理的《せいりてき》な働《はたら》きであることを強調されています。

そのうえで、社会性《しゃかいせい》を重んじる仏法の「随方毘尼《ずいほうびに》」の観点《かんてん》から、次のように仰《おお》せです。

「法華経を読まずに、そらんじて、ただ南無妙法蓮華経と唱《とな》えていきなさい。礼拝《らいはい》する時も、御宝前《ごほうぜん》に行かないで礼拝《らいはい》するようにされるとよいでしょう」（1203ページ、通解）

月水時《がっすいじ》は勤行にこだわらず、唱題第一とすべきとの仰《おお》せから、大聖人の深い御配慮《ごはいりょ》が拝《はい》されます。

また、大聖人が月水《がっすい》は「長患《ながわずら》いのようなものである」（1202ページ、通解）と言われていることを広く解釈《かいしゃく》すれば、体調が悪い時などにも通じる御指導《ごしどう》といえるでしょう。

無理《むり》をすれば、体調を崩《くず》してしまうのは道理です。心の中で唱題したり、題目三唱だけで休んだりしたほうが、価値的《かちてき》な場合もあります。大切なのは、生《しょう》

鎌倉周辺

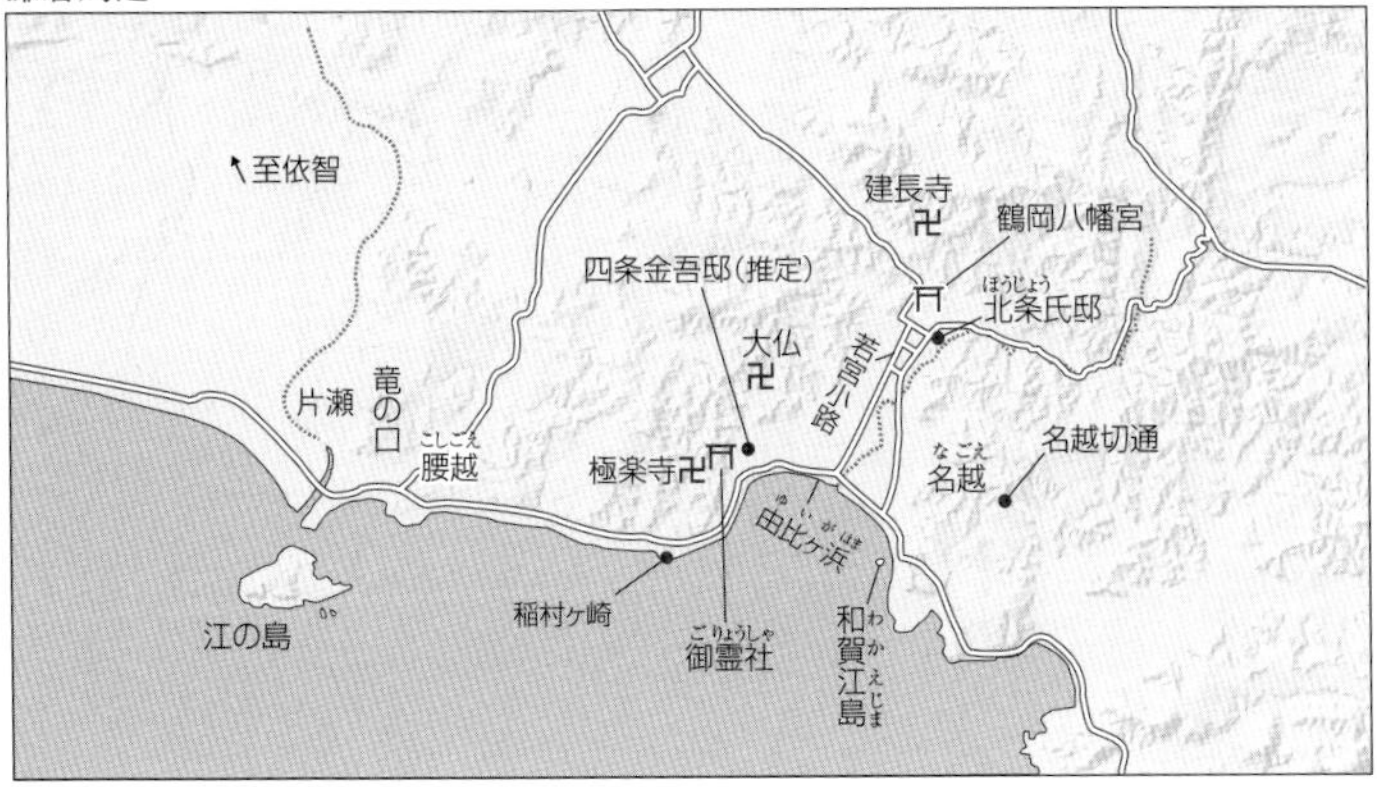

涯《がい》、御本尊を信《しん》じ抜《ぬ》くことであり、体調や状況《じょうきょう》にかなった賢明《けんめい》な判断《はんだん》をしていくことなのです。

不惜身命《ふしゃくしんみょう》の外護《げご》

大学允《だいがくのじょう》は、大学三郎《だいがくさぶろう》の父と推定《すいてい》される人物です。

「大学允《だいがくのじょう》」は、大学寮《だいがくりょう》（古代《こだい》の高等教育機関《きかん》）の三等官にあたる官職名《かんしょくめい》です。[1]

出自《しゅつじ》は不明《ふめい》ですが、建治《けんじ》2年（1276年）8月12日、大聖人から御本尊を与《あた》えられたときの授与書《じゅよしょ》には「重佐（読みは〈しげすけ〉と考えられます）」との名前が記《しる》されています。

「大《だい》がく」「大《だい》がく殿《どの》」と書かれた身延期《みのぶき》のお手紙の一部（御書全集未収録）が現存《げんそん》しており、この大学殿《だいがくどの》は大学允《だいがくのじょう》と推定《すいてい》されます。

その中で大聖人は、文永《ぶんえい》8年（1271年）の竜《たつ》の口《くち》の法難《ほうなん》当時、普通《ふつう》の人とは違《ちが》って、身《み》を捨《す》てて御自身の味方《みかた》をしてくれた、と大学允《だいがくのじょう》の不惜身命《ふしゃくしんみょう》の外護《げご》をたたえられています。

さらに大聖人は、大学允《だいがくのじょう》を「坂東第一《ばんどうだいいち》の御《おん》てかき」（関東《かんとう》地方で一番の能書家《のうしょか》）と呼《よ》ばれています。大学允《だいがくのじょう》は、彼《かれ》の書《しょ》を好《この》んだ安達泰盛《あだちやすもり》との親交から、大聖人の助命《じょめい》を働《はたら》きかけたのかもしれません。

*

竜《たつ》の口《くち》の法難《ほうなん》と、それに続《つづ》く佐渡流罪《さどるざい》の際《さい》、迫害《はくがい》は門下《もんか》に及《およ》び、鎌倉《かまくら》では所領没収《しょりょうぼっしゅう》や罰金《ばっきん》、追放などの弾圧《だんあつ》から「千人のうち九百九十九人が退転《たいてん》」（907ページ、通解）してしまうほどでした。

しかし、大学允《だいがくのじょう》たちは違《ちが》いました。幕府《ばくふ》の要人《ようじん》らに大聖人の正義《せいぎ》を訴《うった》え、大聖人の御無事《ごぶじ》を必死《ひっし》に祈《いの》ったことでしょう。

弘安《こうあん》5年（1282年）10月の大聖人の御葬送《ごそうそう》には、大学允《だいがくのじょう》が大学三郎《だいがくさぶろう》と参列《さんれつ》した

1 「大学三郎《だいがくさぶろう》」は、大学寮《だいがくりょう》の官職《かんしょく》を持つ人の三男であることを示《しめ》す通称《つうしょう》（仮名《けみょう》）であることから、大学允《だいがくのじょう》は、大学三郎《だいがくさぶろう》の父と考えられる。

とされています。

大学三郎《だいがくさぶろう》とその家族は、いかなる時も強盛《ごうじょう》な信心と豊《ゆた》かな教養《きょうよう》で、大聖人の御生涯《ごしょうがい》にわたる「立正安国《りっしょうあんこく》」の戦《たたか》いを支《ささ》え抜《ぬ》いた誠実《せいじつ》の人々だったのです。

【関連御書】

大学三郎宛て：「大学三郎殿御書」（1203ページ）

大学三郎の妻宛て：「月水御書」（1199ページ）

コラム 「随方毘尼《ずいほうびに》」の振《ふ》る舞《ま》い

「随方毘尼《ずいほうびに》」という戒《かい》についての法門《ほうもん》は、「月《がっ》水御書《すいごしょ》」に、触《ふ》れられています。

このお手紙で大聖人は、「この戒《かい》の心は、仏法の本義《ほんぎ》をはなはだしく欠《か》いていないならば、少しばかり仏教《ぶっきょう》にたがうことがあっても、その国の風俗《ふうぞく》にたがうべきではない」（1202ジペー、通解）と仰《おお》せです。

いかに大聖人が、時代や社会を重んじて、仏法を流布《るふ》されてきたかがわかります。

世界宗教《しゅうきょう》である創価学会もまた、社会や時代の変化《へんか》に応《おう》じた在《あ》り方《かた》を問《と》い続《つづ》ける姿勢《しせい》が求《もと》められるでしょう。

池田先生は、次のように指導《しどう》されています。

「『その国の幸福のため』『その人の幸福のため』に、いちばんよい道を考えてあげるのが、仏法の心である。それが、釈尊《しゃくそん》の心であり、大聖人の御心《おこころ》なのである。常識《じょうしき》のある『柔軟《じゅうなん》な知《ち》恵《え》』にこそ、仏法の光は輝《かがや》いている。そこに真の『強盛《ごうじょう》な信心』はある」（『池田大作全集』第82巻）

私たちの日常《にちじょう》の実践《じっせん》ほど、仏法のすばらしさを雄弁《ゆうべん》に語るものはありません。友の幸福と地《ち》域《いき》の発展《はってん》を祈《いの》り、真心を尽《つ》くしていく創価の友の「随方毘尼《ずいほうびに》」の振《ふ》る舞《ま》いが、仏縁《ぶつえん》を広げ、社会を照《て》らしていくのです。

富木常忍《ときじょうにん》

下総《しもうさ》

千葉の門下・富木常忍《ときじょうにん》は、四条金吾《しじょうきんご》や南条時光《なんじょうときみつ》と並《なら》び、門下《もんか》の代表格です。常忍《じょうにん》は、実《じつ》に30編以上の御書を頂《いただ》いています。そこには、常忍《じょうにん》の豊《ゆた》かな学識《がくしき》、法門《ほうもん》への求道心《きゅうどうしん》、そして真面目《まじめ》な人柄《ひとがら》がにじみ出ています。初めに、家族構成《こうせい》などを確認《かくにん》するとともに、竜《たつ》の口《くち》の法難《ほうなん》、佐渡流罪《さどるざい》における奮闘《ふんとう》を見ていきます。

出身・家族

富木常忍《ときじょうにん》は、下総国葛飾郡《しもうさのくにかつしかぐん》八幡荘若宮《やわたのしょうわかみや》（千葉県市川市若宮）に住んでいた武士《ぶし》です。

「富木《とき》」という名字は、「土木」「富城」などとも表記されます。これは、出身地が因幡国富城荘《いなばのくにときのしょう》（鳥取県鳥取市国府町《こくふちょう》）であったことに由来すると考えられます。八幡荘《やわたのしょう》の地に移住《いじゅう》したのは、父・富城中太入道蓮忍《ときちゅうたにゅうどうれんにん》の代からです。常忍《じょうにん》の「富木五郎《ときごろう》」という通称《つうしょう》から、他に少なくとも4人の兄弟がいたと考えられます。

常忍《じょうにん》は、最初《さいしょ》の妻《つま》を亡《な》くしており、御書で「富木尼御前《ときあまごぜん》」と呼《よ》ばれる女性《じょせい》は、後妻《ごさい》に当たります。

富木尼御前《ときあまごぜん》は、かつて駿河国富士上方重須郷《するがのくにふじかみかたおもすごう》（静岡県富士宮市北山）に住んでいましたが、一人の子（後の六老僧の一人である伊予房日頂《いよぼうにっちょう》）を連《つ》れ、下総《しもうさ》の常忍《じょうにん》と再婚《さいこん》しました。また常忍《じょうにん》との間にも子をもうけたと推定《すいてい》され、その子が、後に日興上人《にっこうしょうにん》の弟子となる寂仙房日澄《じゃくせんぼうにっちょう》であると思われます。

常忍《じょうにん》の母は、富木尼《ときあま》の献身的《けんしんてき》な介護《かいご》を受けながら、90歳過《す》ぎで亡《な》くなるまで信心を貫《つらぬ》きました。

社会的立場《しゃかいてきたちば》

常忍《じょうにん》が住む下総《しもうさ》（千葉県北部周辺）には、千葉頼胤《ちばよりたね》という鎌倉幕府《かまくらばくふ》の有力《ゆうりょく》な御家人《ごけにん》がいて、下総国《しもうさのくに》の守護《しゅご》を務《つと》めていました。「御家人《ごけにん》」とは、幕府《ばくふ》の将軍《しょうぐん》と直接《ちょくせつ》、主従関《しゅじゅうかん》係《けい》を結《むす》んだ武士《ぶし》のことです。この御家人《ごけにん》が幕府《ばくふ》から任命《にんめい》された役職《やくしょく》が「守護《しゅご》」で、これは国ごとに置《お》かれ、任地《にんち》の軍事《ぐんじ》や行政《ぎょうせい》を取りまとめる要職《ようしょく》でした。

常忍《じょうにん》は、この千葉頼胤《ちばよりたね》に仕《つか》える有力《ゆうりょく》な家臣《かしん》でした。事務官僚《じむかんりょう》として、守護所《しゅごしょ》（守護《しゅご》の事務《じむ》を司《つかさど》る役所）に出勤《しゅっきん》したり鎌倉《かまくら》に滞在《たいざい》したりして、さまざまな行政文書《ぎょうせいぶんしょ》を処理《しょり》していたと考えられます。さしずめ地方公務員《こうむいん》といったところでしょうか。こうした立《たち》場《ば》ゆえに、常忍《じょうにん》には幕府内《ばくふない》に知己《ちき》がいて、幕府《ばくふ》の内情《ないじょう》を知り得《え》たようです。

「常忍《じょうにん》」とは、入道《にゅうどう》して名乗ったものです。御書では「富木入道《ときにゅうどう》」などと呼《よ》ばれています。「入道《にゅうどう》」とは、ここでは、正式に出家して僧《そう》となるのではなく、在家《ざいけ》のままで髪《かみ》を剃《そ》って仏道修行《ぶつどうしゅぎょう》をすることで、当時は珍《めずら》しいことではありませんでした。常忍《じょうにん》の妻《つま》も、「富木尼御前《ときあまごぜん》」という呼《よ》び名《な》が示《しめ》すとおり、入道《にゅうどう》していました。

入信《にゅうしん》の時期

日蓮大聖人への帰依《きえ》は、門下《もんか》の中でも早く、立宗宣言《りっしゅうせんげん》（建長《けんちょう》5年＝1253年）から間もない頃《ころ》には入信《にゅうしん》していたと推定《すいてい》され、妻《つま》とともに大聖人を外護《げご》していたと考えられます。

教団《きょうだん》における役割《やくわり》

常忍《じょうにん》は、重要《じゅうよう》な法門《ほうもん》を漢文《かんぶん》で認《したた》めた多くの御書を大聖人から頂《いただ》いています。確《たし》かな社会《しゃかい》的地位《てきちい》や経済的基盤《けいざいてききばん》をもち、教養《きょうよう》と学識《がくしき》が豊《ゆた》かであったことや、信心強盛《ごうじょう》であったことなどを考え合わせると、下総地域《しもうさちいき》をはじめとする門下《もんか》に大聖人の御指導《ごしどう》を伝《つた》える中心的《ちゅうしんてき》な役《やく》

いかなる波浪にも、強く立ち向かうところに人生勝利の航路が開かれる（千葉県）

割《わり》を期待されていたと拝《はい》されます。

そして、同じく下総《しもうさ》で早い時期に入信《にゅうしん》した大田乗明《おおたじょうみょう》・曾谷教信《そやきょうしん》らと連携《れんけい》を密《みつ》にし、さらに鎌倉《かまくら》の四条金吾《しじょうきんご》とも親交がありました。

なお補足《ほそく》ですが、当時、門下《もんか》たちは、文筆《ぶんぴつ》に長《た》けた者以外は文字《もじ》が読めませんでした。そのため、常忍《じょうにん》ら在家《ざいけ》の代表や出家の弟子が、持参《じさん》した大聖人のお手紙を読み聞かせてお伝《つた》えしていたと思われます。

佐渡《さど》への道中《どうちゅう》からお手紙が次々と

文永《ぶんえい》8年（1271年）、日蓮大聖人は竜《たつ》の口《くち》の法難《ほうなん》、佐渡流罪《さどるざい》という最大《さいだい》の法難《ほうなん》に遭《あ》われ、門下《もんか》たちは危機《きき》に直面します。大聖人は佐渡《さど》に至《いた》る道中《どうちゅう》の節目節目《ふしめふしめ》で、常忍《じょうにん》にお手紙を送られています。

大聖人は、竜《たつ》の口《くち》から相模国依智《さがみのくにえち》（神奈川県厚木市）の本間重連《ほんましげつら》（佐渡国《さどのくに》の守護代《しゅごだい》）の館《やかた》へ移《うつ》り、そこに留《とど》め置《お》かれましたが、その直後に「土木殿御返事《ときどのごへんじ》」（950ジペー）を送られています。これは、竜《たつ》の口《くち》の法難後《ほうなんご》の最初《さいしょ》のお手紙です。ここで大聖人は、悪世《あくせ》末法《まっぽう》で法華経の行者《ぎょうじゃ》が度々《たびたび》追放に遭《あ》うことを予見した「数数見擯出《さくさくけんひんずい》」（法華経420ジペー）という経文《きょうもん》を、御自身のこととして引かれ、法華経を身読《しんどく》しているゆえに成仏《じょうぶつ》は疑《うたが》いないと喜《よろこ》びを披歴《ひれき》されます。

一時は赦免《しゃめん》になる動きがあったものの、結局《けっきょく》、佐渡《さど》流罪《るざい》と決まると、常忍《じょうにん》は従者《じゅうしゃ》を大聖人のお供《とも》に付《つ》けました。大聖人の御身《おんみ》を思ってのことです。大聖人は、依智《えち》から越後国寺泊《えちごのくにてらどまり》（新潟県長岡市）に着かれると、佐渡《さど》への渡航《とこう》を待つ港から、常忍《じょうにん》に「寺泊《てらどまり》御書《ごしょ》」（951ジペー）を認《したた》められています。

同抄《どうしょう》で大聖人は、法華経の要文《ようもん》を引かれ、御自身こそが、法華経に説《と》かれるままに身命《しんみょう》を惜《お》しまず妙法を広めるゆえに大難《だいなん》に遭《あ》っているのだと言い切られます。そして、大聖人の折伏《しゃくぶく》に対する批判《ひはん》を「邪《よこしま》な非難《ひなん》」として一蹴《いっしゅう》されます。さらに、後《のち》に本格的《ほんかくてき》な破折《はしゃく》に着手《ちゃくしゅ》される真言《しんごん》の邪義《じゃぎ》を糾弾《きゅうだん》されています。

反転攻勢《はんてんこうせい》の師《し》、共戦《きょうせん》を誓《ちか》う弟子

こうした内容《ないよう》は、佐渡期《さどき》から身延期《みのぶき》の重書《じゅうしょ》で明快《めいかい》にされますが、すでにここで端的《たんてき》に示《しめ》されています。流刑地《るけいち》を目前に反転攻勢《はんてんこうせい》の大言論戦《だいげんろんせん》を開始し、いよいよ最重要《さいじゅうよう》の法門《ほうもん》を明かされていくのです。

当時、幕府《ばくふ》は大聖人を流罪《るざい》にするだけでなく、日朗《にちろう》ら5人の門下《もんか》を鎌倉《かまくら》の土牢《つちろう》に幽《ゆう》閉《へい》していました。大聖人は常忍《じょうにん》に、この「寺泊御書《てらどまりごしょ》」の内容《ないよう》をすぐに彼《かれ》らに伝《つた》え聞《き》かせるよう依頼《いらい》されています。なお、お供《とも》の人は、寺泊《てらどまり》で常忍《じょうにん》のもとに帰されています。

その後、大聖人は佐渡《さど》に渡《わた》られ、配所《はいしょ》の塚原《つかはら》にあった三昧堂《さんまいどう》（葬送用《そうそうよう》の堂《どう》）に入られました。

そこから常忍《じょうにん》に宛《あ》てられた「富木入道殿御返事《ときにゅうどうどのごへんじ》」（955ジ《ぺー》）は、塚原到着後《つかはらとうちゃくご》の最初《さいしょ》のお手紙です。ここで大聖人は常忍《じょうにん》に、経論《きょうろん》の収集《しゅうしゅう》や注釈書《ちゅうしゃくしょ》の要文《ようもん》の管理《かんり》を託《たく》されます。また、「教学の研鑽《けんさん》を怠《おこた》らないように」と門下《もんか》たちに伝《つた》えるよう常忍《じょうにん》に指示《しじ》されました。

さらに、「寺泊御書《てらどまりごしょ》」には「信心の志《こころざし》のある人々は、一カ所に集まって、この手紙で述《の》べた法門《ほうもん》を聞きなさい」（951ページ、通解）との仰《おお》せがあります。

次々と頂《いただ》くお手紙を同志《どうし》と一緒《いっしょ》に拝《はい》し、常忍《じょうにん》は師弟共戦《していきょうせん》の信心を誓《ちか》ったにちがいありません。

「観心本尊抄《かんじんのほんぞんしょう》」を託《たく》される

佐渡流罪《さどるざい》の当時、各地《かくち》の日蓮門下《もんか》も、幕府《ばくふ》からの処罰《しょばつ》、領地没収《りょうちぼっしゅう》、追放・勘当《かんどう》といった、すさまじい弾圧《だんあつ》を受けます。多くの退転者《たいてんしゃ》が出ただけでなく、中には賢《かしこ》げに大聖人を批判《ひはん》・中傷《ちゅうしょう》する者までいました。

こうした大法難《だいほうなん》について、池田先生は「門下《もんか》の心を破壊《はかい》しようとする魔《ま》の勢力《せいりょく》の攻《こう》勢《せい》と、門下《もんか》の信心を守り、むしろ、これを機《き》に御自身と同じ不二《ふに》の信心を確立《かくりつ》することを目指された大聖人の反転攻勢《はんてんこうせい》とのせめぎ合いと見ることができます。……師弟《してい》の間《あいだ》を離間《りかん》する策動《さくどう》に対して、師弟《してい》の絆《きずな》を強めていく戦《たたか》いです」（『御書の世界』、『池田大作全集』第33巻所収）と述《の》べられています。
常忍《じょうにん》も、その「師弟《してい》の絆《きずな》を強めていく戦《たたか》い」に勇《いさ》んで参加《さんか》した一人でした。大聖人に筆や墨《すみ》をお届《とど》けしたほか、お手紙を書くのに不可欠《ふかけつ》な典籍《てんせき》の収集《しゅうしゅう》に走り回ります。また、金銭《きんせん》・衣類《いるい》も真心から御供養《ごくよう》申し上げ、使いの者を度々《たびたび》お送りしています。

流罪中《るざいちゅう》の状況《じょうきょう》について大聖人は、「佐渡《さど》の国は紙がないうえ、一人一人に手紙を差《さ》し上《あ》げるのは煩《わずら》わしく、また一人でも漏《も》れれば不満《ふまん》があるでしょう。この手紙を心ざしのある方々《かたがた》は寄《よ》り集《あつ》まってご覧《らん》になり、よく思索《しさく》して心を慰《なぐさ》めてください」（961ページ、通解）と仰《おお》せです。

こうした事情《じじょう》もあり、大聖人は、門下《もんか》全体に宛《あ》ててお書きになる場合は、常忍《じょうにん》に送られたとも考えられます。例《たと》えば、「佐渡御書《さどごしょ》」（956ページ）、「真言諸宗違目《しんごんしょしゅういもく》」（139ページ）、「法華行者逢難事《ほっけぎょうじゃほうなんじ》」（965ページ）などです。中でも特筆《とくひつ》すべきは、文永《ぶんえい》10年（1273年）4月に著《あらわ》された「観心本尊抄《かんじんのほんぞんしょう》」（238ページ）を託《たく》されたことです。

同抄《どうしょう》では、末法《まっぽう》の凡夫《ぼんぷ》が成仏《じょうぶつ》するための観心《かんじん》の修行《しゅぎょう》は、南無妙法蓮華経の御本尊を受持《じゅじ》することに尽《つ》きるという「受持即観心《じゅじそくかんじん》」の法門《ほうもん》を説《と》かれ、この未曾有《みぞう》の御本尊について詳《くわ》しく明かされます。大聖人は常忍《じょうにん》に「（同抄で明かした法門は）未聞《みもん》のことであるので、人々の耳や目を驚《おどろ》かすにちがいない」（255ページ、趣意）と仰《おお》せになり、他人に見せる際《さい》も慎重《しんちょう》にするよう注意されています。

これは、前述《ぜんじゅつ》の経論《きょうろん》の収集《しゅうしゅう》・管理《かんり》を託《たく》されたことからも言えますが、法門《ほうもん》の理解《りかい》に長《た》けた常忍《じょうにん》への信頼《しんらい》の表れであると言えるでしょう。

このように見ていくと、師弟共戦《していきょうせん》の中で、事務《じむ》官僚《かんりょう》であり入道《にゅうどう》であるという常忍《じょうにん》の特質《とくしつ》が、広宣流布のために大きく活《い》かされていったことがわかります。

下総国周辺

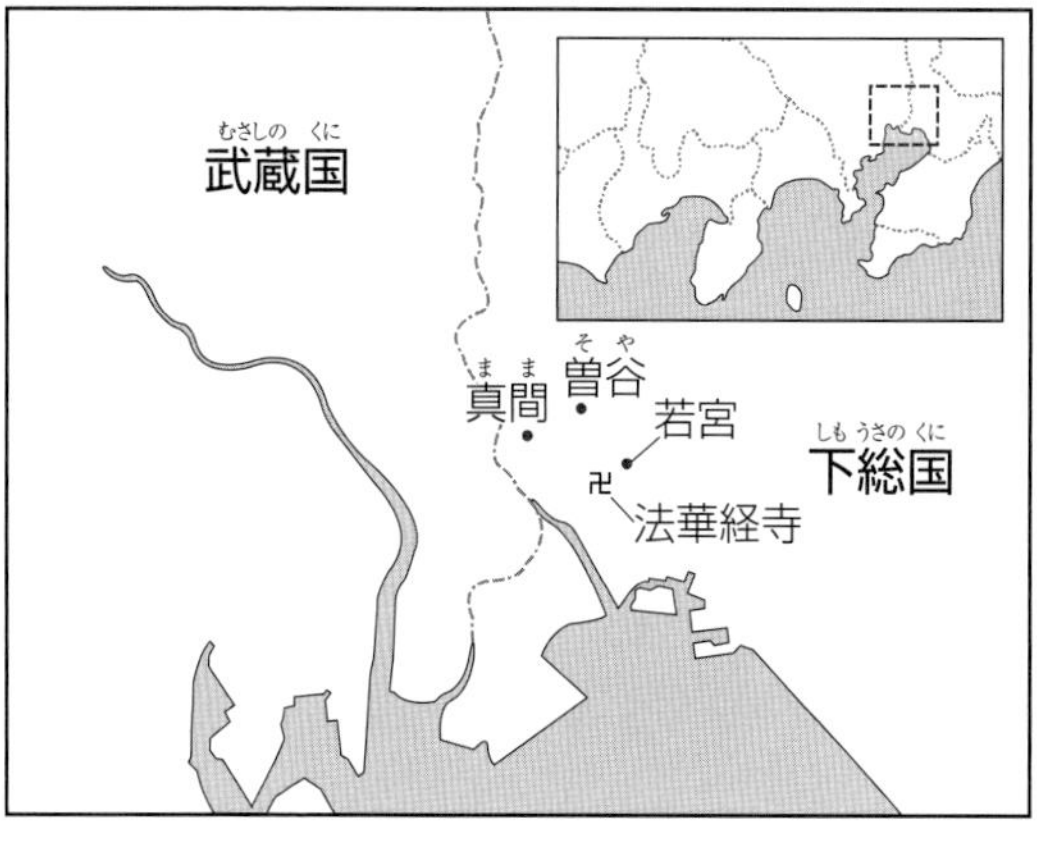

真の和合僧《わごうそう》の一翼《いちよく》に

佐渡流罪中《さどるざいちゅう》の重書《じゅうしょ》には、さらに、前年に記《しる》された「開目抄《かいもくしょう》」がありますが、これは鎌倉《かまくら》の四条金吾《しじょうきんご》に託《たく》されています。

大聖人は常忍《じょうにん》に対し、四条金吾《しじょうきんご》に送った「開目抄《かいもくしょう》」をくれぐれも読むようにと指示《しじ》されています（962ページ参照）。さらに、「法華行者逢難事《ほっけぎょうじゃほうなんじ》」（965ページ）の冒頭《ぼうとう》には「謹《きん》上《じょう》　三郎左衛門尉殿《さぶろうざえもんのじょうどの》　富木殿《ときどの》」と、宛先《あてさき》として四条金吾《しじょうきんご》と富木常忍《ときじょうにん》の名が併記《へいき》されています。

これらは、二人が団結《だんけつ》の要《かなめ》となるように、との大聖人の御配慮《ごはいりょ》とも拝《はい》されます。

佐渡期《さどき》の門下《もんか》について、池田先生は次のように語られています。

「広宣流布は師子《しし》の集いでなければ実現《じつげん》できない。民衆《みんしゅう》への法《ほう》の拡大《かくだい》は、和合僧《わごうそう》がなければなしえない。その真の和合僧《わごうそう》が、この佐渡期《さどき》に形成《けいせい》されていったと私は見たい。嵐《あらし》の中で、目覚《めざ》めた弟子も本格的《ほんかくてき》に呼応《こおう》し立ち上がっていったに違《ちが》いない」（前掲『御書の世界』）

常忍《じょうにん》は、その中核《ちゅうかく》として、大聖人のお手紙を携《たずさ》え、同志《どうし》の激励《げきれい》に奔走《ほんそう》したのです。

大聖人の身延入山《みのぶにゅうざん》

日蓮大聖人の佐渡期《さどき》から身延期《みのぶき》には、常忍《じょうにん》に容赦《ようしゃ》なく障魔《しょうま》が吹《ふ》き荒《あ》れました。主君《しゅくん》の戦死《せんし》、母の死、妻《つま》の病気……。時には赤裸々《せきらら》に、大聖人に弱音《よわね》を吐《は》くこともありました。それでも、この律義《りちぎ》な壮年門下《もんか》は、師《し》の激励《げきれい》と指導《しどう》を抱《だ》きしめ、動乱《どうらん》の世を勇《ゆう》敢《かん》に生《い》き抜《ぬ》くのでした。

約2年5カ月に及《およ》ぶ佐渡流罪《さどるざい》が赦免《しゃめん》になった大聖人は、文永《ぶんえい》11年（1274年）3月26日、鎌倉《かまくら》に戻《もど》られ、4月8日、平左衛門尉頼綱《へいのさえもんのじょうよりつな》と対面して、3度目の諫暁《かんぎょう》をされました。そして5月12日、大聖人は鎌倉《かまくら》を出て、同月17日に身延《みのぶ》に入山《にゅうざん》されました。

身延《みのぶ》入山について、池田先生は「門下《もんか》こそ広宣流布の闘争《とうそう》の主役たれとの御指導《ごしどう》であったと拝《はい》したい」（前掲『御書の世界』）と述《の》べられています。

四条金吾《しじょうきんご》や池上《いけがみ》兄弟と同じく門下《もんか》の代表格《だいひょうかく》であった富木常忍《ときじょうにん》も、大聖人に御指導《ごしどう》を仰《あお》ぎながら、弟子としての自覚《じかく》を深くしていったものと思われます。

大聖人は、身延《みのぶ》に到着《とうちゃく》したその日に、道中の様子を記《しる》したお手紙を常忍《じょうにん》に送られています（富木殿御書《ときどのごしょ》、964ジペー）。そして、同5月24日には、法華経の肝心《かんじん》である三大秘法《ひほう》の南無妙法蓮華経が末法弘通《まっぽうぐつう》の正法《しょうほう》であることを明かされた重書《じゅうしょ》「法華取要抄《ほっけしゅようしょう》」（331ジペー）を常忍《じょうにん》に送られています。

このように大聖人は、竜《たつ》の口《くち》の法難《ほうなん》、佐渡流罪《さどるざい》、身延入山《みのぶにゅうざん》という大きな節目《ふしめ》には、まず常忍《じょうにん》に御書を送られました。

この信頼《しんらい》の絆《きずな》のもと、常忍《じょうにん》は身延《みのぶ》の大聖人と連携《れんけい》を常《つね》に取り合い、社会情勢《じょうせい》や門下《もんか》の状況《じょうきょう》を逐一《ちくいち》、報告《ほうこく》していたと思われます。例《たと》えば、建治《けんじ》3年（1277年）から弘《こう》安《あん》元年（1278年）にかけては、疫病《えきびょう》が盛《さか》んになってきたとお知らせしています。

母を思う日々

ここで、常忍《じょうにん》の家族《かぞく》や主君《しゅくん》について触《ふ》れていきます。

「朝に出勤《しゅっきん》し主君《しゅくん》に仕《つか》え、夕方に帰宅《きたく》の途《と》につく」（977ジペー、通解）。現代《げんだい》の会社員をほうふつさせる生活を送っていた常忍《じょうにん》ですが、その毎日は、一緒《いっしょ》に暮《く》らす母親に孝《こう》行《こう》したい、との思いにあふれていたようです（同ジペー参照）。

有名なエピソードがあります。文永《ぶんえい》12年（＝建治《けんじ》元年＝1275年）、母はすでに90歳を超《こ》えていました。その母は、妻《つま》・富木尼御前《ときあまごぜん》の介護《かいご》を受けていましたが、常忍《じょうにん》のために、老齢《ろうれい》の身を押《お》して、一着の帷子《かたびら》（裏地《うらじ》のない和服）を縫《ぬ》い上《あ》げたのでした。

母の真心がつまった帷子《かたびら》は、自身が身《み》に着けるのには、もったいなく思われたのでしょうか。常忍《じょうにん》は、同年2月、この帷子《かたびら》を大聖人に御供養《ごくよう》しました。

大聖人は、次のように御返事《ごへんじ》を書かれました。

「富木殿《ときどの》は子の身《み》としてこの帷子《かたびら》の恩《おん》は報《ほう》じがたいと思って寄《よ》こされたのでしょうか。日蓮もまた報《ほう》じがたい。そうではあるけれども、お返しすべきではないでしょう」（968ジペー、通解）

そして、こうした事情《じじょう》を諸天《しょてん》に報告《ほうこく》し、諸天《しょてん》からの守護《しゅご》を約束《やくそく》されています。常忍《じょうにん》の真心を、大聖人は誰《だれ》よりもご存《ぞん》じでした。

主君《しゅくん》・千葉頼胤《ちばよりたね》の死

さて、蒙古《もうこ》（当時のモンゴル帝国《ていこく》）の襲来《しゅうらい》は、日本最大《さいだい》の国難《こくなん》であり、常忍《じょうにん》にとっても切実な関心事《かんしんじ》でした。文永《ぶんえい》5年（1268年）正月、蒙古《もうこ》からの国書《こくしょ》がもたらされてから、それに対処《たいしょ》するため、幕府《ばくふ》からさまざまな政策《せいさく》が打ち出されたからです。

竜《たつ》の口《くち》の法難《ほうなん》の翌日《よくじつ》・文永《ぶんえい》8年（1271年）9月13日、九州に所領《しょりょう》を持つ関東《かんとう》の御家人《ごけにん》に対し、幕府《ばくふ》から命令《めいれい》が発せられました。

その内容《ないよう》は、九州に所領《しょりょう》を持ちながら、その地に在住《ざいじゅう》していない者は、早急に本人または代官《だいかん》を九州に向かわせ、その地の守護《しゅご》とともに、蒙古襲来《もうこしゅうらい》に対する防衛《ぼうえい》の任《にん》に当たるように、というものでした。

この趣旨《しゅし》の命令《めいれい》は、肥前国《ひぜんのくに》小城《おぎ》（佐賀県小城市）に所領《しょりょう》を持っていた千葉氏《ちばし》にも下《くだ》されたと思われます。常忍《じょうにん》の主君《しゅくん》である千葉頼胤《ちばよりたね》も、この地に向かいました。これには多くの家臣《かしん》を伴《ともな》ったと考えられます。

常忍《じょうにん》は、主君《しゅくん》や同僚《どうりょう》を見送りました。折《おり》しも、師匠《ししょう》が竜《たつ》の口《くち》の法難《ほうなん》に遭《あ》われた直後《ちょくご》でした。その心情《しんじょう》は、まさに悲痛《ひつう》なものであったにちがいありません。

例えば、後《のち》に常忍《じょうにん》の妻《つま》に宛《あ》てたお手紙で、大聖人は、蒙古襲来《もうこしゅうらい》に備《そな》えて九州へ向かう武士《ぶし》と、それを見送る妻子《さいし》の離別《りべつ》の悲しみを、こう語られています（建治《けんじ》2年〈1276年〉）。

「とどまる妻子《さいし》、行く夫《おっと》、愛《いと》しい者《もの》同士《どうし》が顔と顔をすり合わせ、目と目を交わして嘆《なげ》き、生木《なまき》を裂《さ》かれる思いで別《わか》れを惜《お》しみ、……身《み》に添《そ》うものはただ涙《なみだ》、ともなうものはただ嘆《なげ》きばかりで、その心中の悲しみはいかばかりで

蒙古襲来（元軍）関係図

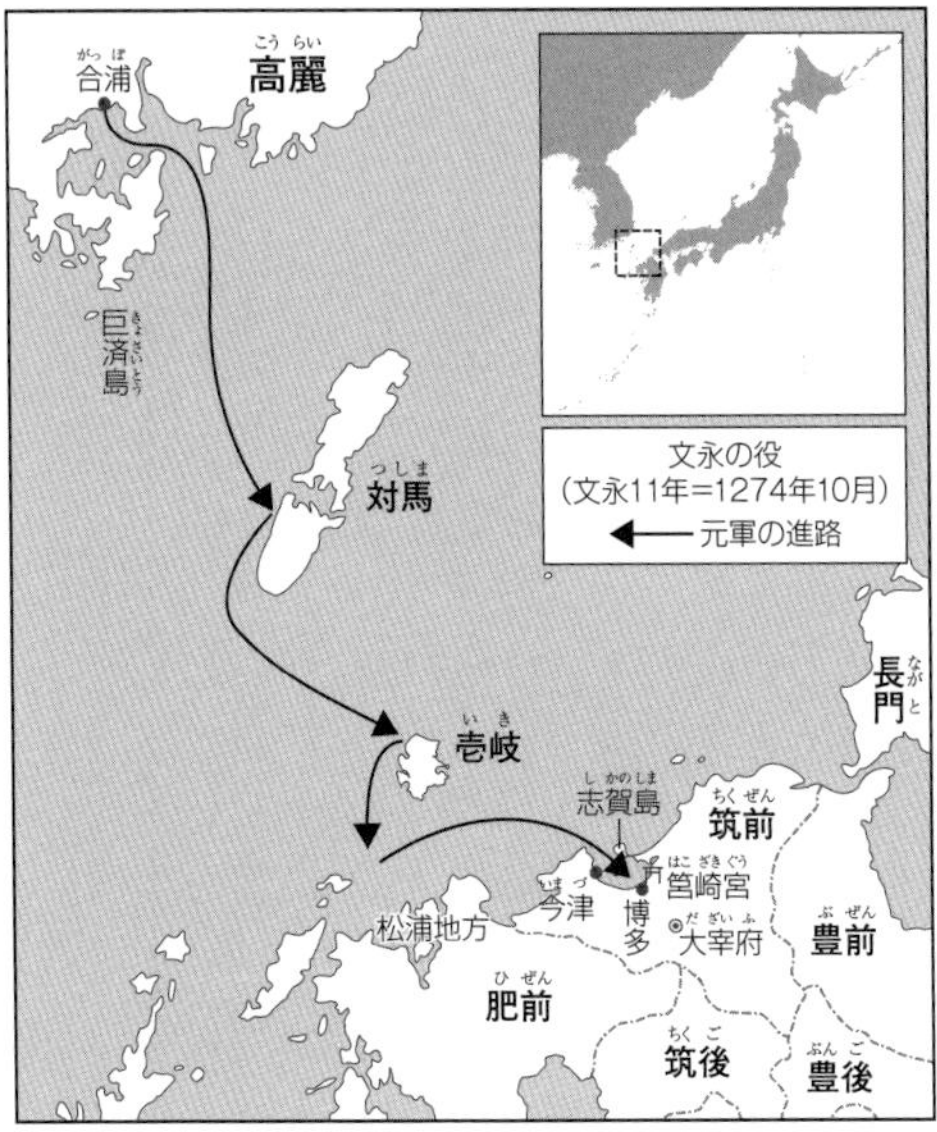

あろうか」（975ページ、通解）

そしてついに、文永《ぶんえい》11年（1274年）10月、蒙古軍《もうこぐん》が日本に来襲《らいしゅう》しました（文永《ぶんえい》の役《えき》）。主君《しゅくん》・千葉頼胤《ちばよりたね》は、その戦《たたか》いで負傷《ふしょう》し、翌《よく》・建治《けんじ》元年（1275年）8月、肥前《ひぜんの》国《くに》小城《おぎ》で亡《な》くなりました。37歳の若《わか》さでした。

長年にわたり頼胤《よりたね》に仕《つか》えてきた常忍《じょうにん》にとって、主君《しゅくん》の死は、深い悲しみであったのはもちろんのこと、常忍《じょうにん》の身辺《しんぺん》にも影響《えいきょう》を与《あた》えたことでしょう。

母が他界

それから半年たたずして、長生きをした常忍《じょうにん》の母も、建治《けんじ》2年（1276年）2月に亡《な》くなります。世の常《つね》とはいえ、人一倍孝養心《こうようしん》の厚《あつ》かった常忍《じょうにん》にとって、これは、耐《た》えがたいものであったにちがいありません。

常忍《じょうにん》は、亡《な》き母の遺骨《いこつ》を抱《だ》いて身延《みのぶ》の大聖人を訪《たず》ねます。悲しみをこらえながら、険難《けんなん》の道をへて、身延《みのぶ》に到着《とうちゃく》しました。

大聖人に、母の臨終《りんじゅう》の姿《すがた》がすばらしかったことと、妻《つま》の尼御前《あまごぜん》が母を最期《さいご》まで手厚《てあつ》く看病《かんびょう》したことをお伝《つた》えし、また、その妻《つま》が病魔《びょうま》に悩《なや》まされていることもご報告《ほうこく》したようです。

常忍《じょうにん》は、心ゆくまで母の追善《ついぜん》を行《おこな》い、また大聖人の大慈悲《だいじひ》の激励《げきれい》を受け、下山していきました（977～978ページ参照）。

妻《つま》・尼御前《あまごぜん》の病気

大聖人はその際《さい》、妻《つま》の尼御前《あまごぜん》に宛《あ》ててお手紙（富木尼御前御返事《ときあまごぜんごへんじ》、975ページ）をしたためられています。

文永11年の蒙古襲来の後、鎌倉幕府は蒙古の再来に備え、博多湾沿いに石造の防塁《ぼうるい》を築いた。写真は生《いき》の松原《まつばら》（福岡市西区）に残る防塁跡

その中で大聖人は、夫《おっと》の常忍《じょうにん》を身延《みのぶ》に送り出した尼御前《あまごぜん》の内助《ないじょ》の功《こう》をたたえられるとともに、尼御前《あまごぜん》が姑《しゅうとめ》に尽《つ》くしたことに対し、常忍《じょうにん》が深く感謝《かんしゃ》していた旨《むね》をお書きになっています。

これは、常忍《じょうにん》が尼御前《あまごぜん》本人には感謝《かんしゃ》の気持ちを言葉にして示《しめ》していないことを察《さっ》せられ、それを代わって知らせることにより、夫妻《ふさい》の愛情《あいじょう》がさらに深まるようにとの御《ご》配慮《はいりょ》からだと拝《はい》されます。

常忍《じょうにん》は妻《つま》への素直《すなお》な思いを、鎌倉《かまくら》の四条金吾《しじょうきんご》には漏《も》らしていたようです。というのも、四条金吾《しじょうきんご》が以前《いぜん》、身延《みのぶ》を訪問《ほうもん》した際《さい》、大聖人に「富木常忍殿《ときじょうにんどの》も、この尼御前《あまごぜん》をこそ、杖《つえ》とも柱《はしら》とも頼《たの》みにしている」（９８６ジペー、通解）と申し上げているからです。

そして大聖人は、この四条金吾《しじょうきんご》の言葉を富木尼御前《ときあまごぜん》にお伝《つた》えしています。

「日本第一《にほんだいいち》の好《よ》く忘《わす》るるの仁《ひと》か」

ところで、身延《みのぶ》を辞《じ》して帰る際《さい》、常忍《じょうにん》は持経《じきょう》（読誦用《どくじゅよう》の法華経の要文集《ようもんしゅう》）を忘《わす》れてきてしまいました。大聖人は使者に、常忍《じょうにん》へのお手紙（「忘持経事《ぼうじきょうじ》」）を添《そ》えて、それを届《とど》けさせています。

その中で大聖人は、古今の忘失《ぼうしつ》の例《れい》を挙《あ》げられ、持経《じきょう》を忘《わす》れた常忍《じょうにん》のことを「日本《にほん》第一《だいいち》の好《よ》く忘《わす》るるの仁《ひと》か」（976ページ）と仰《おお》せになっています。

大聖人の筆致《ひっち》は、これを単《たん》なるユーモアに終わらせません。この仰《おお》せに続《つづ》き、諸宗《しょしゅう》が釈尊《しゃくそん》の本意である法華経を忘《わす》れ、地獄《じごく》に沈《しず》んでいることを指摘《してき》されます。そして、「此《こ》れより第一《だいいち》の好《よ》く忘《わす》るる者《もの》あり」（同ページ）として、当時の天台宗《てんだいしゅう》の僧俗《そうぞく》ら、法華経を受持《じゅじ》する者たちが、仏の真意を忘《わす》れ、法華経の行者《ぎょうじゃ》である大聖人を誹謗《ひぼう》し、念仏者《ねんぶつしゃ》らの味方をしていると仰《おお》せです。

一つの忘《わす》れ物《もの》に端《たん》を発《はっ》する御指導《ごしどう》でしたが、生涯《しょうがい》、常忍《じょうにん》の生命を離《はな》れぬ戒《いまし》めとなったことでしょう。

同抄《どうしょう》で大聖人は、親子一体の成仏《じょうぶつ》の原理を示《しめ》され、身延《みのぶ》を訪《おとず》れた常忍《じょうにん》が、題目を唱《とな》えて仏界《ぶっかい》を涌現《ゆげん》した時、母の久遠《くおん》からの罪障《ざいしょう》は消え去り、瞬時《しゅんじ》に成仏《じょうぶつ》したにちがいない、と教えられています。

懇《ねんご》ろに母の追善《ついぜん》を行《おこな》った常忍《じょうにん》は、その喜《よろこ》びと安心感のあまり、持経《じきょう》を忘《わす》れてしまったのでしょうか。母親思いの常忍《じょうにん》の心を汲《く》まれた大聖人のお手紙により、大事な持経《じきょう》を忘れてしまった常忍《じょうにん》の胸《むね》の内《うち》も、どれほどか軽くなったことでしょう。

「四信五品抄《しします ごほんしょう》」を頂《いただ》く

主君《しゅくん》の戦死《せんし》、母の死、妻《つま》の病気は、60歳を迎《むか》えた常忍《じょうにん》にとって、人間の無常《むじょう》を強く実感させるものだったことでしょう。誰《だれ》もが死を目前《もくぜん》としていた時代です。だからこそ常忍《じょうにん》は、三世《さんぜ》に崩《くず》れることのない絶対的幸福境涯《ぜったいてきこうふくきょうがい》を築《きず》こうと、懸命《けんめい》に仏道《ぶつどう》を求《もと》めたのでした。

その表れでもあったのでしょうか、母の一周忌《いっしゅうき》を過《す》ぎた建治《けんじ》3年（1277年）3月、常忍《じょうにん》は質問《しつもん》の書状《しょじょう》を、日昭《にっしょう》に託《たく》して大聖人に差《さ》し上《あ》げました。

その中で常忍《じょうにん》は、せっかく仏法に巡《めぐ》り合い、優《すぐ》れた師匠《ししょう》に巡《めぐ》り合うことができたのに、今はお会いできない状態《じょうたい》が続《つづ》いていて、うかがった法門《ほうもん》も忘《わす》れてしまい、このままでは罪業《ざいごう》を消滅《しょうめつ》できず阿鼻地獄《あびじごく》に長い間、堕《お》ちてしまう、と真情《しんじょう》を吐露《とろ》しています。そして、世事《せじ》を捨《す》てて大聖人のもとで給仕《きゅうじ》したいと明かしています。すでに入道《にゅうどう》していた常忍《じょうにん》ですが、出家僧《しゅっけそう》になろうと思い立ったようです。さらに書状《しょじょう》では、戒律《かいりつ》の細かい規則《きそく》へのこだわり、また修行《しゅぎょう》が十分にできていないことへの不安《ふあん》が述《の》べられています。

この書に対する大聖人の回答が、「四信五品抄《ししんごほんしょう》」（建治《けんじ》3年4月、338ジペー）であると言われています。同抄《どうしょう》で大聖人は、常忍《じょうにん》の心配を踏《ふ》まえられた上で、末法《まっぽう》の仏道修行《ぶつどうしゅぎょう》は、信心をもって、ひたすら南無妙法蓮華経と唱《とな》えることであると教えられています。

これ以後《いご》の御書を拝《はい》するかぎり、常忍《じょうにん》が出家《しゅっけ》した様子は見られません。

先の「忘持経事《ぼうじきょうじ》」には、「（＝常忍《じょうにん》の母は）生死《しょうじ》の理《ことわり》を示《しめ》さんが為《ため》に黄泉《こうせん》の道《みち》（＝死後への道）に趣《おもむ》く」（977ジペー）と記《しる》されていました。

母を亡《な》くした意味を求《もと》めながら、常忍《じょうにん》は、大聖人の御指導《ごしどう》を守り、現実社会《げんじつしゃかい》で雄々《おお》しく自己《じこ》の宿命《しゅくめい》を打開《だかい》していったと思われます。

折伏《しゃくぶく》のうねりの中で

佐渡流罪以降《さどるざいいこう》の日蓮大聖人の御生涯《ごしょうがい》について、池田先生は「師匠《ししょう》と同じく大難《だいなん》を覚《かく》悟《ご》し、大難《だいなん》と戦《たたか》っていける真《しん》の弟子《でし》を育成《いくせい》し、和合僧《わごうそう》（教団《きょうだん》）を再構築《さいこうちく》していく過程《かてい》であったといえるでしょう」（2015年10月号大白蓮華、「世界を照らす太陽の仏法」）と言われています。現《げん》に大難《だいなん》に次ぐ大難《だいなん》の大聖人の御闘争《ごとうそう》に続《つづ》こうと、心ある門下《もんか》が各《かく》地《ち》で立ち上がり、それぞれ迫害《はくがい》に屈《くっ》することなく妙法弘通《ぐつう》の戦《いくさ》を繰《く》り広《ひろ》げました。次に、その歴史《れきし》の頂点《ちょうてん》とも言うべき「熱原《あつはら》の法難《ほうなん》」における常忍《じょうにん》の戦《たたか》いを見ていきます。法難《ほうなん》の経過《けいか》を確認《かくにん》します。大聖人の身延《みのぶ》入山後、駿河国《するがのくに》（静岡県中央部）の富士《ふじ》方面では、日興上人《にっこうしょうにん》が中心となって、果敢《かかん》に折伏《しゃくぶく》・弘教《ぐきょう》が進められていました。

これにより、日興上人《にっこうしょうにん》が所属《しょぞく》していた四十九院《しじゅういん》（蒲原荘中之郷《かんばらのしょうなかのごう》＝静岡市清水区東部周辺）、また実相寺《じっそうじ》（賀島荘岩本郷《かじまのしょういわもとごう》＝富士市岩本）、滝泉寺《りゅうせんじ》（富士下方熱原郷《ふじしもかたあつはらごう》＝富士市厚原《あつはら》）と

日興上人を中心に弘教が進んだ富士方面。眼前には堂々と富士がそびえる（静岡県）

いった天台宗《てんだいしゅう》の有力寺院の僧侶《そうりょ》や信徒《しんと》らが、次々と大聖人に帰依《きえ》するようになります。

滝泉寺《りゅうせんじ》では下野房日秀《しもつけぼうにっしゅう》・越後房日弁《えちごぼうにちべん》らが弟子になり、さらに、多くの農民《のうみん》が入信《にゅうしん》するまでになりました。妙法流《る》布《ふ》の新しい力《ちから》の台頭《たいとう》です。

これに対し、滝泉寺《りゅうせんじ》の院主代《いんじゅだい》（住職代《じゅうしょくだい》理《り》）であった行智《ぎょうち》らは、危機感《ききかん》を抱《いだ》き、数年にわたり日蓮門下《もんか》への圧迫《あっぱく》を強めていきます。そうした中で退転者《たいてんしゃ》も暗《あん》躍《やく》していました。

日秀《にっしゅう》・日弁《にちべん》は行智《ぎょうち》から職《しょく》を奪《うば》われ、

住坊《じゅうぼう》を失《うしな》います。それでも二人は、仲間の助けを得《え》て寺内に身を置《お》き、近郊《きんこう》で弘教《ぐきょう》を続《つづ》けました。

弘安《こうあん》元年（1278年）春、四十九院《しじゅうくいん》では、寺務《じむ》を司《つかさど》っていた厳誉《ごんよ》が、日興上人《にっこうしょうにん》らを寺から追放しています。

天台《てんだい》の学僧《がくそう》・了性房《りょうしょうぼう》との問答《もんどう》

こうして熱原《あつはら》で法難《ほうなん》が起こった頃、常忍《じょうにん》は、下総国《しもうさのくに》（千葉県北部周辺）にいた了性房《りょうしょうぼう》や思念房《しねんぼう》という天台宗《てんだいしゅう》の学僧《がくそう》と問答《もんどう》を行い、勝利《しょうり》を収《おさ》めました。この二人は、以前《いぜん》から大聖人を謗《そし》っていたようです（982ジペー参照）。

この問答で、了性房《りょうしょうぼう》は、法華経本門《ほんもん》以外《いがい》では覚《さと》りを得《え》ることができないと説《と》いた解釈《かいしゃく》はないとか、法華経に対する不信《ふしん》は謗法《ほうぼう》ではない、などと主張《しゅちょう》していました。常忍《じょうにん》は、この邪説《じゃせつ》を見事に打《う》ち破《やぶ》ったのです。

常忍《じょうにん》がこの問答《もんどう》について報告《ほうこく》したところ、大聖人は直《ただ》ちに御返事《ごへんじ》（「常忍抄《じょうにんしょう》」）を送られます。
この中で大聖人は、問答《もんどう》で出た論点《ろんてん》について詳《くわ》しく示《しめ》されるとともに、名高《なだか》い了性《りょうしょう》房《ぼう》を論破《ろんぱ》したのだから、他の人とも法論《ほうろん》したなら、かえって浅《あさ》くみられてしまう。今後、下総《しもうさ》では法論《ほうろん》をすべきではない、と戒《いまし》められています（９８２㌻参照）。時や状況《じょうきょう》に適《かな》った実践《じっせん》の大切さを示《しめ》されたものですが、あるいは不用意《ふようい》に法論《ほうろん》を行わないよう注意されたものとも拝《はい》されます。

そして弘安《こうあん》２年（１２７９年）、熱原《あつはら》における弾圧《だんあつ》は頂点《ちょうてん》に達《たっ》します。
９月21日、行智《ぎょうち》の策謀《さくぼう》により、稲刈《いねか》り

甲斐《かい》・駿河《するが》周辺

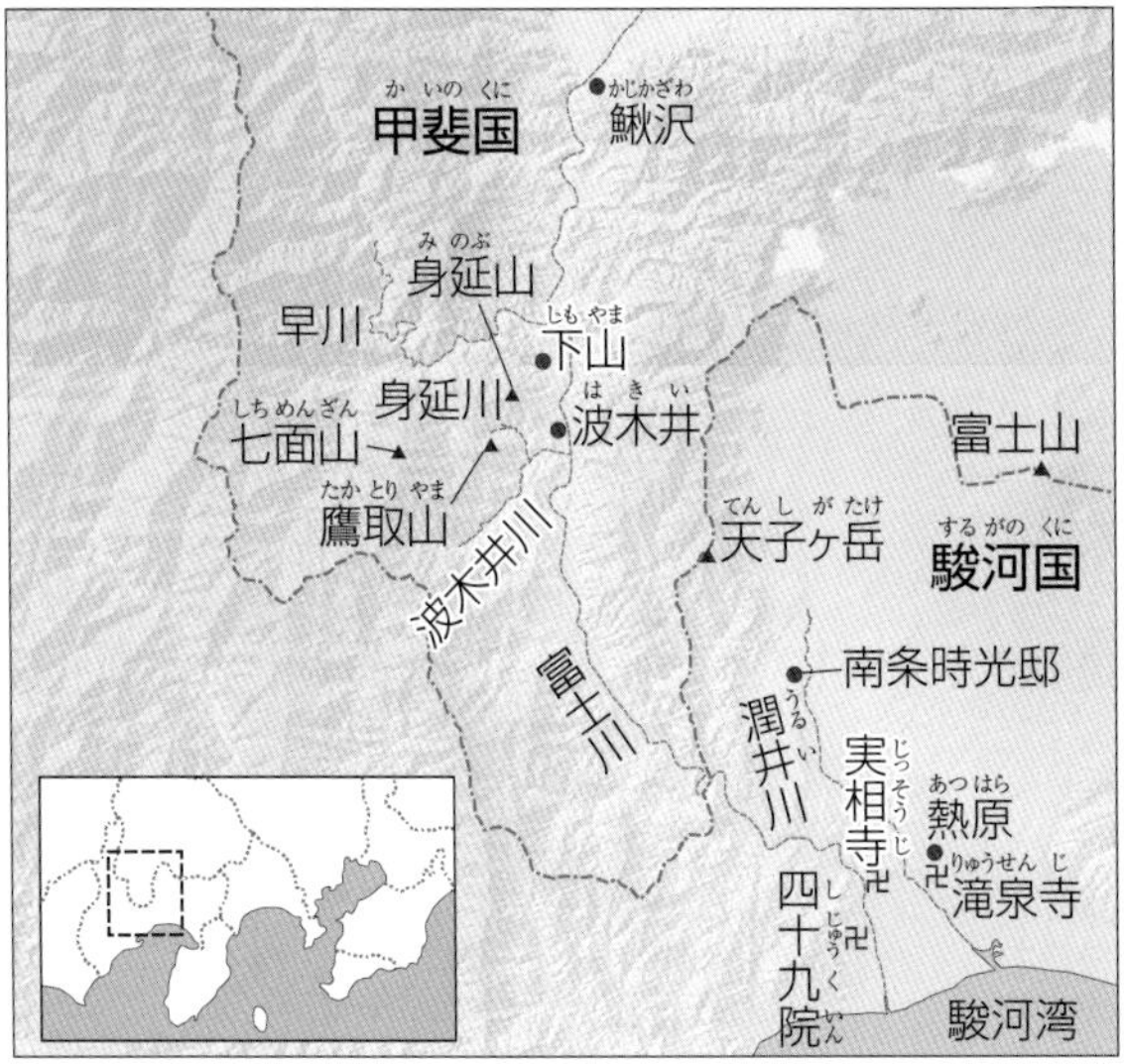

をしていた熱原《あつはら》の農民信徒《のうみんしんと》20人が、無実《むじつ》の罪《つみ》を着せられて不当《ふとう》に捕《と》らえられ、鎌倉《かまくら》に連行《れんこう》されたのです。

行智《ぎょうち》は、農民信徒《のうみんしんと》たちが、大勢《おおぜい》の人を集めて弓矢で武装《ぶそう》し、院主分《いんじゅぶん》の坊内《ぼうない》に乱入《らんにゅう》し、日秀《にっしゅう》は馬に乗ってやって来《き》て、熱原《あつはら》の農民《のうみん》が立《た》て札《ふだ》を立て、農作物を刈《か》り取《と》って、日《にっ》秀《しゅう》の住房《じゅうぼう》に取り入れたなどと、訴訟《そしょう》を起こしたのです（852ジペー参照）。まったくのでっち上げです。

こうして法難《ほうなん》の焦点《しょうてん》は、裁判闘争《さいばんとうそう》に移《うつ》っていきます。日興上人《にっこうしょうにん》は鎌倉《かまくら》へ向かい、四《し》条金吾《じょうきんご》らと協力《きょうりょく》し、この難局《なんきょく》に立ち向かいました。

「滝泉寺申状《りゅうせんじもうしじょう》」を作成《さくせい》

日蓮仏法の師弟《してい》の正義《せいぎ》を証明《しょうめい》するため、日秀《にっしゅう》・日弁《にちべん》は、大聖人や日興上人《にっこうしょうにん》の御指導《ごしどう》の下《もと》、二人の連名《れんめい》で、行智《ぎょうち》らの訴状《そじょう》に対する弁明書《べんめいしょ》「滝泉寺申状《りゅうせんじもうしじょう》」（849ジペー）を作ります。草案《そうあん》（案文《あんもん》、土代《どだい》とも）が現存《げんそん》し、弘安《こうあん》2年10月付になっています。

同書の前半では、大聖人の「立正安国《りっしょうあんこく》」の御闘争《ごとうそう》の軌跡《きせき》が要約《ようやく》され、真言亡国《しんごんぼうこく》の現《げん》証《しょう》を示《しめ》して諫《いさ》めています。後半では、行智《ぎょうち》の悪行《あくぎょう》とデマを徹底的《てっていてき》に糾弾《きゅうだん》しています。

この弁明書《べんめいしょ》の草案《そうあん》は、各紙《かくし》をつなぎ合わせた全11紙の状態《じょうたい》で現存《げんそん》しています（第11紙は第10紙の裏面《うらめん》をはがしたものと考えられ、その続《つづ》きの部分は第9紙の裏面《うらめん》に記されています）。

このうち、第8、9、10紙の3紙は、これまで日興上人《にっこうしょうにん》の筆跡《ひっせき》であると言われてきましたが、現在《げんざい》研究が進み、富木常忍《ときじょうにん》の筆跡《ひっせき》であるとされています。

日興上人《にっこうしょうにん》は、大聖人と頻繁《ひんぱん》に連携《れんけい》を取りあい、鎌倉《かまくら》の地で、法難《ほうなん》への対応《たいおう》の指揮《しき》を執《と》られていました。その下《もと》で、事務官僚《じむかんりょう》でもあった常忍《じょうにん》は、司法《しほう》・行政《ぎょうせい》文書に関《かん》する知識《ちしき》を生かし、「滝泉寺申状《りゅうせんじもうしじょう》」の素案《そあん》を書き上げました。これが、身延《みのぶ》の大聖人のもとへ届《とど》けられました。

大聖人は本文を添削《てんさく》され、現存《げんそん》の常忍筆《じょうにんひつ》3紙を残《のこ》されます。そして前半7紙を新たに御自身で作成《さくせい》され、常忍筆《じょうにんひつ》の箇所《かしょ》につなぎ合わせました。さらに現存《げんそん》第10紙の表と裏《うら》、第9紙の裏《うら》に書《か》き込《こ》みをされました。

このように、大聖人と日興上人《にっこうしょうにん》ら門下《もんか》との師弟合作《していがっさく》で、草案《そうあん》「滝泉寺申状《りゅうせんじもうしじょう》」が完成《かんせい》したのです。

日秀《にっしゅう》・日弁《にちべん》の避難《ひなん》

日蓮門下《もんか》が総力《そうりょく》を挙《あ》げて立ち向かった熱原《あつはら》の法難《ほうなん》は、ついに重大局面《じゅうだいきょくめん》を迎《むか》えます。鎌倉《かまくら》に連行《れんこう》された農民門下《のうみんもんか》20人は、行智《ぎょうち》と結託《けったく》していた平左衛門尉頼綱《へいのさえもんのじょうよりつな》から拷問《ごうもん》に等《ひと》しい尋問《じんもん》を受け、法華経を捨《す》てて念仏《ねんぶつ》をとなえるよう迫《せま》られました。それでも、一人も退転《たいてん》することなく、南無妙法蓮華経と高らかに唱《とな》え、信心を貫《つらぬ》き通《とお》したのです。

そして、農民門下《のうみんもんか》のリーダー格《かく》であった神四郎《じんしろう》・弥五郎《やごろう》・弥六郎《やろくろう》の３人（三烈士《さんれっし》）が、斬首《ざんしゅ》されます。

弘安《こうあん》２年11月、常忍夫妻《じょうにんふさい》は大聖人から、法難《ほうなん》の当事者《とうじしゃ》である日秀《にっしゅう》・日弁《にちべん》の二人を下総《しもうさ》の富木邸《ときてい》で保護《ほご》するよう託《たく》されました（９９０ジ参照）。身の安全のため、一時的《いちじてき》に避難《ひなん》させたと考えられます。

この時、二人を下総《しもうさ》まで案内《あんない》したのが、常忍《じょうにん》の継子《けいし》である伊予房日頂《いよぼうにっちょう》でした。その際《さい》に大聖人が日頂《にっちょう》に託《たく》されたであろう短いお手紙は、夫妻別々《ふさいべつべつ》に宛《あ》てて書かれています。

常忍《じょうにん》へのお手紙では、富木尼御前《ときあまごぜん》の長寿《ちょうじゅ》を祈念《きねん》されたことを、常忍《じょうにん》から妻《つま》へ話すよう指示《しじ》されています（987ジペー参照）。

一方、尼御前《あまごぜん》の実子《じっし》・日頂《にっちょう》[1]を使いとして二人を託《たく》したことは、彼女への手紙に書かれています。

当時、尼御前《あまごぜん》の病状《びょうじょう》は悪化していたようです。その中で二人を養《やしな》うこととなる常忍《じょうにん》の気苦労《きぐろう》を、大聖人はお察《さっ》しになったのでしょう。「しばらくの間、二人の面倒《めんどう》を見ていただきたいと、夫君《ふくん》の富木殿《ときどの》に申し上げてください」（990ジペー、通解）と、妻《つま》の口から常忍《じょうにん》にお願《ねが》いするように指示《しじ》されています。

1 日頂《にっちょう》は、尼御前《あまごぜん》が常忍《じょうにん》と再婚《さいこん》する前の実子《じっし》。

そして、尼御前《あまごぜん》に「日頂《にっちょう》は学僧《がくそう》になりましたよ。常《つね》に法門《ほうもん》をお聞きになってくださ い」（990ページ、通解）と仰《おお》せになっています。

大難《だいなん》の嵐《あらし》の中でも、家庭、夫婦《ふうふ》、親子にこまやかに心を砕《くだ》かれる、大聖人の御慈愛《ごじあい》が拝《はい》されてなりません。

多くの重書《じゅうしょ》が現存《げんそん》

さて、これまでも確認《かくにん》しましたが、常忍《じょうにん》が頂《いただ》いた御書には、特《とく》に重要《じゅうよう》な法門《ほうもん》が多く含《ふく》まれています。

これは、常忍《じょうにん》が法門《ほうもん》の理解《りかい》に優《すぐ》れていたからであるという面も、むろんあります。しかしそれ以上《いじょう》に、安定した社会的《しゃかいてき》立場にあり、堅実《けんじつ》な人柄《ひとがら》だった常忍《じょうにん》こそ、御書を後世《こうせい》に伝《つた》える適任者《てきにんしゃ》であると大聖人が判断《はんだん》されたからであると拝察《はいさつ》されます。

常忍《じょうにん》は、大聖人の御期待《ごきたい》にたがわず、例《たと》えば湿気《しっけ》を考慮《こうりょ》し、御書を風通《かぜとお》しの良《よ》いものに収《おさ》めるなど、保存《ほぞん》に全力《ぜんりょく》を注《そそ》ぎました。「立正安国論《りっしょうあんこくろん》」の御真筆《ごしんぴつ》の一つが常忍《じょうにん》のもとに託《たく》されていたことが、御書の仰《おお》せからうかがえます（35ページ参照）。

そして永仁《えいにん》7年（1299年）、常忍《じょうにん》は84歳で亡《な》くなる直前、御書の保存《ほぞん》に関《かん》する文書を作成《さくせい》しています。

その中で、大聖人の御書類は、決して持ち出してはならない。それは、いかにも物《もの》惜《お》しみして法《ほう》を説《と》かない罪《つみ》のようだが、借《か》りてなくしてしまえば、さらに罪《つみ》が重いからである。どうしても拝見《はいけん》する必要《ひつよう》がある時は、建物《たてもの》の中で拝《はい》するように。それなら差《さ》し支《つか》えない、と述《の》べています。

また、御書を収《おさ》めている建物《たてもの》は、自分の死後も、生前に常忍《じょうにん》自身がしてきたのと同じように、少しも怠《おこた》ることなく整備《せいび》していくように厳命《げんめい》しています。

「立正安国論《りっしょうあんこくろん》」「観心本尊抄《かんじんのほんぞんしょう》」「法華取要抄《ほっけしゅようしょう》」といった、御真筆《ごしんぴつ》の御書が多数現存《げんそん》しているのも、常忍《じょうにん》の並々《なみなみ》ならぬ護法《ごほう》の精神《せいしん》の賜《たまもの》といえましょう。

*

昭和42年（1967年）、大聖人が経論《きょうろん》の要点《ようてん》を抜《ぬ》き書《が》きされた御真筆《ごしんぴつ》の裏面《うらめん》に、別《べつ》の文書が発見されました。これは、「聖教紙背文書《しょうぎょうしはいもんじょ》」と呼《よ》ばれています。紙が貴重《きちょう》であった当時、常忍《じょうにん》が仕事で用の済《す》んだ紙を大聖人に提供《ていきょう》し、大聖人がその紙の裏《うら》を「メモ帳」として使用されたと考えられます。

紙背文書《しはいもんじょ》の研究により、常忍《じょうにん》の社会生活がより詳細《しょうさい》に判明《はんめい》しました。本書でも、その成果《せいか》を随所《ずいしょ》に用いています。

特《とく》に注目されるのは、下総国《しもうさのくに》をはじめ、関東《かんとう》、京都《きょうと》、北九州《きたきゅうしゅう》といった千葉氏《ちばし》の支配《しはい》地《ち》における、財政《ざいせい》や主従関係《しゅじゅうかんけい》にまつわる訴訟《そしょう》文書が多く含《ふく》まれていることです。これらは、鎌倉《かまくら》時代の社会の実態《じったい》を知る上で、貴重《きちょう》な史料《しりょう》となっています。

【関連御書】
「真言諸宗違目」（139㌻）、「問注得意抄」（178㌻）、「観心本尊抄」（238㌻）、「観心本尊抄送状」（255㌻）、「富木殿御消息」（949㌻）、「富木殿御返事」（949㌻）、「真間釈迦仏御供養逐状」（950㌻）、「土木殿御返事」（950㌻）、「寺泊御書」（951㌻）、「富木入道殿御返事」（955㌻）、「佐渡御書」（956㌻）、「富木殿御返事」（962㌻）、「土木殿御返事」（963㌻）、「土木殿御返事」（964㌻）、「法華行者逢難事」（965㌻）、「法華取要抄」（331㌻）、「四信五品抄」（338㌻）、「富木殿御書」（964㌻）、「富木殿御返事」（968㌻）、「御衣並単衣御書」（9

71ページ）、「観心本尊得意抄」（972ページ）、「聖人知三世事」（974ページ）、「忘持経事」（976ページ）、「富木殿御書」（969ページ）、「富木殿御返事」（978ページ）、「常忍抄」（980ページ）、「始聞仏乗義」（982ページ）、「富城殿御返事」（987ページ）、「四菩薩造立抄」（987ページ）、「諸経と法華経と難易の事」（991ページ）、「富城入道殿御返事」（993ページ）、「治病大小権実違目」（995ページ）

【参考】

「世界を照らす太陽の仏法」第3回（2015年7月号「大白蓮華」、「富木入道殿御返事（願望仏国事）」講義）、『信仰の基本「信行学」』（「民衆の境涯を高める 学会の『教学』」の章および「共戦の師子吼をわが胸に！」の章、「佐渡御書」を講義。「御書を根本に」の章、「四信五品抄」を講義）、『勝利の経典「御書」に学ぶ』第1巻（「佐渡御書」講義）、同第10巻（「寺泊御書」講義）、『御書の世界』（「佐渡流罪」の章）、『勝利の経典「御書」に学ぶ』第15巻（「富木尼御前御返事」講義）、小説『新・人間革命』第29巻「常楽」の章（熱原の法難に言及）、『勝利の経典「御書」に学ぶ』第16巻（「治病大小権実違目」講義）、『創価学会永遠の五指針』（「幸福をつかむ信心」の章、「四菩薩造立抄」を講義）

コラム

「常忍抄」の御執筆年《ごしっぴつねん》について

本抄《ほんしょう》は御真筆《ごしんぴつ》が完存《かんそん》し、末尾《まつび》に「十月一日」とあるだけで、御執筆年《ごしっぴつねん》は記《しる》されていません。これまで建治《けんじ》3年（1277年）とされてきましたが、現在は研究が進み、主に弘安《こうあん》元年（1278年）説《せつ》と同2年説《せつ》があります。

本抄《ほんしょう》の「かじま《賀島》の大田次郎兵衛《おおたじろうひょうえ》・大進房《だいしんぼう》」（981ページ）との記述《きじゅつ》において、まず「かじま」が駿河国《するがのくに》の賀島《かじま》とされます。「大田次郎兵衛《おおたじろうひょうえ》」は、「大田《おおた》」と「次郎兵衛《じろうひょうえ》」とに分けて解《かい》され、それぞれ「聖人御難事《しょうにんごなんじ》」でいう「大田《おおた》の親昌《ちかまさ》」（1190ページ）と「長崎次郎兵衛《ながさきじろうひょうえ》の尉時綱《じょうときつな》」（同ページ）とされます。同じ人物の名が挙《あ》げられていると考えられることから、「聖人御難事《しょうにんごなんじ》」と同日の弘安《こうあん》2年とする見方があります。しかし、同じ人物であるとしても、両抄《りょうしょう》において、大進房《だいしんぼう》に対する評価《ひょうか》が異《こと》なっていると考えられ、同日に御執筆《ごしっぴつ》されたとするには、違和感《いわかん》があります。従《したが》って、弘安《こうあん》元年説《せつ》も有力です。いずれにしても、これらの人物像《じんぶつぞう》の解明《かいめい》が課題《かだい》として残《のこ》ります。

また本抄《ほんしょう》に記《しる》された「此《こ》の沙汰《さた》」（981ページ）とは、具体的《ぐたいてき》には熱原《あつはら》の農民門下《のうみんもんか》に関《かん》する訴訟《そしょう》のことであると解《かい》することもできますが、はっきりしたことは、わかりません。

本書では、弘安《こうあん》元年説《せつ》を採《と》りました。

阿仏房《あぶつぼう》

佐渡《さど》

阿仏房《あぶつぼう》は、佐渡《さど》の代表的な日蓮門下《もんか》です。

配流《はいる》となった日蓮大聖人に接《せっ》し、妻《つま》の千日尼《せんにちあま》とともに大聖人に帰依《きえ》しました。阿仏房《あぶつぼう》が大聖人にお会いできたのは、流人《るにん》を管理《かんり》する地域の有力者であったからとの説《せつ》もあります。また、念仏《ねんぶつ》の教えを信じる入道《にゅうどう》（出家して僧《そう》や尼《あま》になることのほか、在家《ざいけ》のままで髪《かみ》を剃《そ》るなど出家者の姿をして仏道修行《ぶつどうしゅぎょう》をする者）であった、ともいわれています。

四方の壁《かべ》は破《やぶ》れ雪積《つ》もる三昧堂《さんまいどう》

大聖人が佐渡《さど》の地を踏《ふ》まれたのは、文永《ぶんえい》8年（1271年）10月28日。上陸地は松ケ崎《まつがさき》と伝承《でんしょう》されています。そこから険《けわ》しい山を越《こ》え、11月1日には、配流《はいる》の地と定《さだ》められた塚原《つかはら》にたどり着き、翌年の4月初めごろまで、塚原《つかはら》の地で過《す》ごされました。

そこは筆舌《ひつぜつ》に尽《つ》くしがたい過酷《かこく》な環境《かんきょう》でした。住まいとされた塚原《つかはら》の三昧堂《さんまいどう》（墓所《ぼしょ》に設《もう》けられている死者を弔《とむら》うための堂《どう》）は、「天井《てんじょう》は板間が合わず、四方の壁《かべ》は破《やぶ》れて、（堂《どう》の中に）雪が降《ふ》り積《つ》もって消えることがない。こういう所に敷皮《しきがわ》（毛皮《けがわ》で作った敷《しき》物《もの》）を敷《し》き、蓑《みの》を着て夜を明かし、日を送った。夜は雪、雹《ひょう》、雷光《らいこう》が絶《た》えず、昼は日の光も差《さ》し込《こ》まず、心細い住まいである」（916ジペー、通解）と記《しる》されているように、大変さびれた建物《たてもの》でした。

さらに、「着ている着物は薄《うす》く、食べ物も乏《とぼ》しい。……生きながらにして餓鬼道《がきどう》を感じ、さらに八寒地獄《はっかんじごく》に堕《お》ちたのである」（1052ジペー、趣意）と仰《おお》せのように、衣食《いしょく》住《じゅう》すべてにわたって劣悪《れつあく》な生活を強《し》いられていたのです。

厳《きび》しい監視《かんし》のなか御供養《ごくよう》をお届《とど》け

当時は、自然環境《かんきょう》だけではなく、社会環境《かんきょう》も過酷《かこく》を極《きわ》めていました。念仏者《ねんぶつしゃ》を中心に、大聖人の命を狙《ねら》うような敵対者《てきたいしゃ》に囲《かこ》まれていた状況《じょうきょう》だったのです。流罪《るざい》の翌年1月には、大聖人を糾弾《きゅうだん》しようと集まった数百人の僧《そう》たちとの間で、塚原問答《つかはらもんどう》も起きています。

阿仏房《あぶつぼう》が大聖人に帰依《きえ》するようになった経緯《けいい》は定《さだ》かではありません。しかし、こうした環境《かんきょう》にもかかわらず、大聖人に深く帰依《きえ》し、お守りしようと決めたのですから、阿仏房夫妻《あぶつぼうふさい》にとって、大聖人との出会いは人生を一変《いっぺん》させるような出来事《できごと》であったに違《ちが》いありません。

また、大聖人には昼夜《ちゅうや》にわたって監視《かんし》が付けられ、大聖人を支《ささ》えようとした人々が庵室《あんしつ》に近づくのは容易《ようい》なことではありませんでした（1313ジペー参照）。流罪赦免後《るざいしゃめんご》に認《したた》められた千日尼《せんにちあま》へのお手紙には、「阿仏房《あぶつぼう》に櫃《ひつ》（食料《しょくりょう》等を入れる箱《はこ》）を背負《せお》わせて、夜中に度々訪《たびたびたず》ねてこられたことを、いつの世にか、忘《わす》れられようか」（同ジペー、通解）と仰《おお》せです。

大聖人の身を案《あん》じた阿仏房夫妻《あぶつぼうふさい》は、御供養《ごくよう》の品々を用意しました。その品々が入った櫃《ひつ》を背負《せお》い、阿仏房《あぶつぼう》は、体を突《つ》き刺《さ》すような寒さに見舞《みま》われる夜中、監視《かんし》の目をかいくぐって、大聖人のもとを訪《おとず》れたのです。

このため、阿仏房夫妻《あぶつぼうふさい》は、住む所を追われ、罰金《ばっきん》に処《しょ》せられ、家宅《かたく》を取り上げられるという弾圧《だんあつ》を受けています（1314ページ参照）。

塚原《つかはら》から一谷《いちのさわ》へ

大聖人が佐渡《さど》で迎《むか》えた初めての冬が過《す》ぎ、初夏《しょか》に入った文永《ぶんえい》9年（1272年）の4月、大聖人は幕府《ばくふ》の命《めい》により、塚原《つかはら》から一谷入道《いちのさわにゅうどう》の屋敷《やしき》に移《うつ》られました。以後《いご》、赦免《しゃめん》になるまでの約2年間をここで過《す》ごされます。

一谷《いちのさわ》（新潟県佐渡市市野沢《さどしいちのさわ》）では、大聖人に付き従《したが》う弟子たちの数が増《ふ》えてきたにもかかわらず、支給《しきゅう》される食料《しょくりょう》は少なく、わずか二口、三口ばかりのご飯を、折敷《おしき》（板製の角盆《かくぼん》）に分け、あるいは手のひらに入れて食べる、という状況《じょうきょう》でした（１３２９ページ参照）。

大聖人は、塚原《つかはら》で「開目抄《かいもくしょう》」（１８６ページ）などを著《あらわ》されたのに続《つづ》いて、一谷《いちのさわ》でも「観《かん》心本尊抄《じんのほんぞんしょう》」（２３８ページ）などの重要《じゅうよう》な御書を認《したた》められています。御執筆《ごしっぴつ》のための筆や墨《すみ》は、当時はなかなか手に入りにくく、紙なども大変高価《こうか》でした。

佐渡周辺

それに加《くわ》えて、いつ命《いのち》を奪《うば》われてもおかしくない状況《じょうきょう》にも置《お》かれていました。しかし、大聖人は、法門《ほうもん》のすべてを残《のこ》そうと、貴重《きちょう》な紙を使って重書《じゅうしょ》を次々と著《あらわ》され、各地の門下《もんか》に励《はげ》ましのお手紙を送られたのです。

阿仏房夫妻《あぶつぼうふさい》をはじめとする佐渡《さど》の門下《もんか》は、そうした大聖人のお姿に心を打たれ、佐《さ》渡《ど》での弘教《ぐきょう》にいっそう励《はげ》んでいったことでしょう。

流罪《るざい》の赦免状《しゃめんじょう》が届《とど》く

塚原問答《つかはらもんどう》後《ご》、大聖人の信徒《しんと》となる人が次第に増えてくるのに不安《ふあん》を抱《いだ》いた念仏者《ねんぶつしゃ》らが謀略《ぼうりゃく》を巡《めぐ》らせて、代表格の何人かを鎌倉《かまくら》へ送り、幕府《ばくふ》の高官《こうかん》で佐渡国《さどのくに》の守護《しゅご》でもあった北条宣時《ほうじょうのぶとき》に偽《いつわ》りの大聖人の悪行を訴《うった》え、〝佐渡《さど》で日蓮に従《したが》う者を処罰《しょばつ》する〟との下文《くだしぶみ》（命令文書）を3度も出させています（920ジペー、966ジペー参照）。阿仏房《あぶつぼう》と千日《せんにち》尼《あま》は、こうした陰険《いんけん》な策略《さくりゃく》にも屈《くっ》せず、佐渡期《さどき》の大聖人を最後《さいご》までお守りし抜《ぬ》いたのです。

文永《ぶんえい》11年（1274年）3月、流罪《るざい》の赦免状《しゃめんじょう》が佐渡《さど》に到着《とうちゃく》しました。念仏者《ねんぶつしゃ》らは〝生きて帰してはなるものか〟と妨害《ぼうがい》を企《くわだ》てましたが、武士《ぶし》たちに守られた大聖人は、阿仏房夫妻《あぶつぼうふさい》をはじめとする佐渡《さど》の門下《もんか》たちが無事《ぶじ》を祈る中、佐渡《さど》・真浦《まうら》の港を離《はな》れ、鎌倉《かまくら》に向かわれたのです。

あなたは光り輝《かがや》く宝塔《ほうとう》

阿仏房《あぶつぼう》は大聖人の信頼《しんらい》も厚《あつ》く、仏法の極理《ごくり》を教えられたお手紙を頂《いただ》いています。「法華経に説《と》かれる多宝如来《たほうにょらい》や宝塔《ほうとう》の出現《しゅつげん》は何を表しているか」との阿仏房《あぶつぼう》の質問に対して答えられたのが「阿仏房御書《あぶつぼうごしょ》」です。

金・銀などの七宝《しっぽう》に飾《かざ》られ、高さが五百由旬《ごひゃくゆじゅん》という巨大《きょだい》な宝塔《ほうとう》の意味について、大聖人は「身分の貴《とうと》いか卑《いや》しいか、地位の高いか低いかなど関係なく、南無妙法蓮華経と唱える人は、わが身がそのまま宝塔《ほうとう》であり、わが身がまた多宝如来《たほうにょらい》なのです」「阿《あ》仏房《ぶつぼう》はそのまま宝塔《ほうとう》であり、宝塔《ほうとう》はそのまま阿仏房《あぶつぼう》なのです」（１３０４ジペー、通解）と明快《めいかい》に示《しめ》されています。

題目を唱え、この仏法を弘《ひろ》める人は、一人も残《のこ》らず、妙法の当体《とうたい》として光り輝《かがや》く尊《そん》極《ごく》の存在《そんざい》であり、法華経の証明者であることを確信するように促《うなが》されているのです。

さらに、本抄《ほんしょう》の最後には、「阿仏房《あぶつぼう》、あなたはまさに北国《ほっこく》の導師《どうし》ともいうべき方《かた》です」（1304ジペー、通解）とも激励《げきれい》されています。逆境《ぎゃっきょう》の中でも大聖人をひたすらお守りし、佐渡《さど》の門下《もんか》のために尊《とうと》い汗《あせ》を流してきた阿仏房《あぶつぼう》は、一緒にお手紙を読んでいたであろう夫人《ふじん》の千日尼《せんにちあま》とともに、深遠《しんえん》な仏法の哲理《てつり》にどれほど驚《おどろ》き、感動したことでしょうか。

佐渡《さど》から身延《みのぶ》へ

大聖人《だいしょうにん》が身延山《みのぶさん》へ入られた後、阿仏房《あぶつぼう》の大聖人への求道《きゅうどう》の心は、抑《おさ》えがたいほどになったのでしょう。佐渡《さど》から遠路《えんろ》はるばる身延《みのぶ》をお訪《たず》ねする決意をしたのです。

弘安《こうあん》元年（1278年）7月に認《したた》められた「千日尼御前御返事《せんにちあまごぜんごへんじ》」によれば、大聖人が身延《みのぶ》に入られてから、この時まで、あしかけ5年の間に、阿仏房《あぶつぼう》は3度も身延《みのぶ》を訪《おとず》れていたことがわかります（1314ジペー参照）。

千日尼《せんにちあま》から託《たく》された大聖人へのお手紙や、御供養《ごくよう》の品々を携《たずさ》え、海を渡《わた》り、野を越《こ》え、山を越《こ》え、谷を渡《わた》り、身延《みのぶ》まで険難《けんなん》の道を乗《の》り越《こ》えたのです。

その旅は、常《つね》に命の危険《きけん》と隣《とな》り合《あ》わせだったことは言うまでもありません。ましてや、阿仏房《あぶつぼう》は当時、高齢《こうれい》だったと推定《すいてい》されています。

先の「千日尼《せんにちあま》御前《ごぜん》御返事」は、身延《みのぶ》の大聖人のもとに参詣《さんけい》した阿仏房《あぶつぼう》に託《たく》して千日尼《せんにちあま》へ送られたお手紙です。その中で大聖人は、阿《あ》仏房《ぶつぼう》の来訪《らいほう》により、千日尼《せんにちあま》や、同じく佐渡《さど》の門下《もんか》である国府入道《こうにゅうどう》夫妻《ふさい》の無事《ぶじ》を知って喜《よろこ》ばれています。

前年に何らかの理由で、佐渡《さど》から身延《みのぶ》への

風雪を耐え忍ばれる師を思い、阿仏房は命がけの外護に努めた（新潟県佐渡市）

来訪者《らいほうしゃ》がなく、音信《おんしん》がしばらく途絶《とだ》えており、さらに折《おり》からの疫病《えきびょう》流行もあったことから、大聖人は、佐渡《さど》の人々の安否《あんぴ》を心配されていたのです。佐渡門下《さどもんか》の無事《ぶじ》を知った大聖人は、「亡《な》くなった父母が閻魔《えんま》大王の宮殿《きゅうでん》から訪《おとず》れてきた夢《ゆめ》を見て、夢《ゆめ》の中で悦《よろこ》んでいるような気持ちであった」（1314ジペー、通解）と認《したた》められています。これほどまでに、信徒《しんと》一人一人の無事《ぶじ》を祈り、心に掛《か》けられている御本仏の大きく深い慈愛《じあい》に触《ふ》れて、阿仏房《あぶつぼう》夫妻《ふさい》、また佐渡《さど》の門下《もんか》たちは、どれほど感激《かんげき》したことでしょうか。

その翌年《よくねん》の弘安《こうあん》2年（1279年）3月21日、阿仏房《あぶつぼう》はその生涯《しょうがい》を閉《と》じました。

大聖人は「散《ち》った花《はな》もまた咲《さ》きました。落《お》ちた実《み》もまた成《な》りました。……どうして、阿仏房《あぶつぼう》が亡《な》くなったという一事《いちじ》だけが元《もと》に戻《もど》らないのでしょう。この人ばかりが旅立《たびだ》ったまま帰《かえ》らないことを、天《てん》も恨《うら》めしく、地《ち》も嘆《なげ》かわしいと思っていることでしょう」（1320ジペー、趣意）と、悲しみに暮《く》れる千日尼《せんにちあま》の心中《しんちゅう》を察《さっ》し、最愛《さいあい》の門下《もんか》を失《うしな》ったことを深く嘆《なげ》かれています。

また、阿仏房《あぶつぼう》の生前の信心をたたえ、亡《な》くなった後は、霊山《りょうぜん》の宝塔《ほうとう》の中で釈迦《しゃか》・多《た》宝《ほう》の二仏《ぶつ》と対面していると述《の》べられ、阿仏房《あぶつぼう》の成仏《じょうぶつ》は法華経の法理《ほうり》に照《て》らして、一点の疑《うたが》いもないと励《はげ》まされています。

頼《たよ》るべき夫《おっと》に先立たれ、寂《さび》しい日々を送る千日尼《せんにちあま》は、どれほど心強く思ったことでしょう。御本尊を拝《はい》するたびに、亡《な》き夫《おっと》と生命の会話を交《か》わしたに違《ちが》いありません。

阿仏房《あぶつぼう》が亡《な》くなった年の7月、子息の藤九郎《とうくろう》は、父の遺骨《いこつ》を携《たずさ》えて身延《みのぶ》を訪《おとず》れ、お骨《こつ》を埋葬《まいそう》しました。また、その翌年《よくねん》にも、阿仏房《あぶつぼう》の墓参《ぼさん》のために身延《みのぶ》に足を運《はこ》んでいます。千日尼《せんにちあま》へのお手紙では、阿仏房《あぶつぼう》の信心を継承《けいしょう》する藤九郎《とうくろう》を「法華経《ほけきょう》の行者《ぎょうじゃ》となり」（1322ジペー）と大いに賛嘆《さんたん》されています。

広宣流布に戦《たたか》う弟子のことを「法華経《ほけきょう》の命《いのち》を継《つ》ぐ人」（1169ジペー）として大切にされていた大聖人にとって、いよいよ、門下《もんか》の子息《しそく》たちまでが師《し》と共《とも》に戦う時代を迎《むか》えたことは、何より喜《よろこ》ばしい出来事《できごと》であったと拝《はい》されます。

【関連御書】

阿仏房宛て：「阿仏房御書」（1304ジペー）、「阿仏房御返事」（1317ジペー）

不二《ふに》の弟子の活躍を待望《たいぼう》

――池田先生の講義から

法華経の宝塔《ほうとう》を、日蓮大聖人は御本尊として御図顕《ごずけん》されました。すなわち「宝塔《ほうとう》をかきあらはし・まいらせ候《そうろう》ぞ」（１３０４ジペー）とは、日蓮大聖人が宝塔《ほうとう》、つまり南無妙法蓮華経の御本尊を御図顕《ごずけん》し、万人《ばんにん》が現実に成仏《じょうぶつ》できる道を確立《かくりつ》されたことです。

これを、「出世《しゅっせ》の本懐《ほんかい》」、仏が世に出現《しゅつげん》した究極《きゅうきょく》の本意・目的《もくてき》であると仰《おお》せです。

大聖人は、阿仏房《あぶつぼう》の不退《ふたい》の信心と不惜《ふしゃく》の実践《じっせん》を賞讃《しょうさん》され、「北国《ほっこく》の導師《どうし》」とまで呼《よ》ばれています。「導師《どうし》」とは、今で言えば、広布の尊《とうと》きリーダーです。

わが身が宝塔《ほうとう》であると目覚《めざ》めた人は、当然《とうぜん》、他者の胸中《きょうちゅう》にも宝塔《ほうとう》があることを知ります。今度は、人々の宝塔《ほうとう》を開《ひら》く存在《そんざい》に変《か》わる。阿仏房《あぶつぼう》を起点として、佐渡《さど》および北国の人々が宝塔《ほうとう》と輝《かがや》いていくのです。

真正《しんせい》の弟子ゆえに、広布のリーダーとして、大聖人と不二《ふに》の共戦《きょうせん》に立ってほしいとの念願《ねんがん》を込《こ》めて、入魂《にゅうこん》の激励《げきれい》をされていると拝《はい》されます。

（『勝利の経典「御書」に学ぶ』第10巻）

千日尼《せんにちあま》

佐渡《さど》

千日尼《せんにちあま》は、流罪《るざい》の身《み》となられた日蓮大聖人に帰依《きえ》し、夫《おっと》の阿仏房《あぶつぼう》と共《とも》に真心《まごころ》を尽《つ》くしてお仕《つか》えした、佐渡《さど》の女性門下《じょせいもんか》を代表《だいひょう》する婦人です。

御書によると、「阿仏房尼《あぶつぼうあま》」と呼《よ》ばれていましたが、ある時から「千日尼《せんにちあま》」と変《か》わったことから考《かんが》えると、大聖人から「千日尼《せんにちあま》」との法号《ほうごう》を与《あた》えられたと推定《すいてい》されます。一説《いっせつ》では、この「千日《せんにち》」とは、大聖人が佐渡《さど》に滞在《たいざい》された日数《にっすう》に基《もと》づいたとも言われています。

佐渡《さど》の厳《きび》しい寒《さむ》さの中《なか》、食べる物も満足《まんぞく》にない大聖人の身《み》を案《あん》じた千日尼《せんにちあま》は、食料《しょくりょう》

柔らかな陽光に包まれる新潟・佐渡市の海岸。幾多の試練を乗り越えた雄大な境涯のように

を用意《ようい》して、夜中《よなか》に阿仏房《あぶつぼう》に櫃《ひつ》を背負《せお》わせて、塚原《つかはら》の三昧堂《さんまいどう》へお届《とど》けするなど、真心《まごころ》を込《こ》めて支《ささ》えました。

それは、地頭《じとう》や念仏者《ねんぶつしゃ》などが昼夜《ちゅうや》にわたって大聖人の庵室《あんしつ》を監視《かんし》する目《め》をかいくぐってのことで、身《み》の危険《きけん》を覚悟《かくご》しての振《ふ》る舞《ま》いでした。このことで、阿仏房《あぶつぼう》夫妻《ふさい》は、住《す》まいを追《お》われ、罰金《ばっきん》を科《か》せられ、屋敷《やしき》を取《と》り上《あ》げられました。それほどの難《なん》を受《う》けながらも、信心を貫《つらぬ》いたのです（1313～1314ページ参照）。

当時《とうじ》のことについて、大聖人は身延入山《みのぶにゅうざん》後《ご》の弘安《こうあん》元年（1278年）7月のお手紙で、命を懸《か》けて御自身に尽《つ》くす千日尼《せんにちあま》のことを、「いつの世《よ》になっても、忘《わす》れることはありません」「まさに、亡《な》くなった母が佐渡《さど》の国《くに》に生《う》まれ変《か》わってこられたのでしょうか」（1313ページ、通解）とまで、最大《さいだい》にたたえられています。

流罪赦免後《るざいしゃめんご》も求道心燃《きゅうどうしんも》やし

大聖人が流罪赦免《るざいしゃめん》となって鎌倉《かまくら》に戻《もど》られ、さらに身延《みのぶ》に入山《にゅうざん》されてからも、千日尼《せんにちあま》の師《し》を求《もと》める心は、いやまして燃《も》え上《あ》がっていきました。

千日尼《せんにちあま》は、夫《おっと》の阿仏房《あぶつぼう》にお手紙と御供養《ごくよう》を託《たく》し、文永《ぶんえい》11年（1274年）からの約《やく》5年間に3度、大聖人のおられる身延《みのぶ》に夫《おっと》を送《おく》り出《だ》しています（1309、1314ページ参照）。当時《とうじ》は、佐渡《さど》から身延《みのぶ》まで20日余《あま》りかけて険難《けんなん》の道《みち》を行かねばなりませんでした。まして夫《おっと》は高齢《こうれい》の身《み》です。夫婦《ふうふ》とも、よほどの信心と勇気《ゆうき》がなければできないことといえましょう。夫《おっと》を送《おく》り出した千日尼《せんにちあま》は、〝もし叶《かな》うなら、自分も大聖人のもとへ〟という思いでいっぱいだったにちがいありません。

大地《だいち》より厚《あつ》く大海《たいかい》より深《ふか》い志《こころざし》

千日尼《せんにちあま》は折《おり》に触《ふ》れて、1貫文《かんもん》、1貫《かん》500文《もん》という多額《たがく》の銭《ぜに》を大聖人に送《おく》っています。また、身延山中《みのぶさんちゅう》では手《て》に入らない海苔《のり》やワカメといった品々《しなじな》も手配《てはい》しています（1315、1318ジペー参照）。大聖人の経済面《けいざいめん》を支《ささ》えるだけではなく、食生活《しょくせいかつ》も気遣《きづか》う女性《じょせい》らしい心配《こころくば》りが、お手紙から読《よ》み取《と》れます。

遠《とお》く山海《さんかい》を隔《へだ》てた地から夫《おっと》を遣《つか》わして、さまざまな面《めん》で大聖人を支《ささ》えようとする千《せん》日尼《にちあま》へ、大聖人は深《ふか》い慈愛《じあい》のこもったお手紙を認《したた》められています。

「人は、目《め》の前《まえ》にいる間《あいだ》は志《こころざし》があっても、離《はな》れてしまえば、心では忘《わす》れていなくとも遠《とお》くなってしまうものです。ところが、あなたは、この5年間、佐渡《さど》の国《くに》より3度《ど》も夫《おっと》をこの身延《みのぶ》の山中《さんちゅう》に遣《つか》わされました。何というお志《こころざし》でしょう。大地《だいち》より厚《あつ》く、大海《たいかい》よりも深《ふか》いお志《こころざし》でありましょう」（1314ジペー、趣意）

弘安《こうあん》元年（1278年）閏《うるう》10月のお手紙では、千日尼《せんにちあま》から送《おく》られた銭《ぜに》1貫文《かんもん》や干飯《ほしいい》（米《こめ》を蒸《む》して乾燥《かんそう》させた食料《しょくりょう》）などの御供養《ごくよう》に対《たい》して、大聖人は、仏《ほとけ》に土《つち》の餅《もち》を供養《くよう》した徳勝童子《とくしょうどうじ》が、その功徳《くどく》でアショーカ大王《だいおう》として生まれた話を引《ひ》かれ、「法華経《ほけきょう》を供養《くよう》する人《ひと》は十方《じっぽう》の仏菩薩《ぶつぼさつ》を供養《くよう》する功徳《くどく》と同《おな》じきなり」（1316ページ）と仰《おお》せです。

たとえ土《つち》の餅《もち》であっても、仏《ほとけ》を供養《くよう》する功徳《くどく》が絶大《ぜつだい》であるとの説話《せつわ》を通して、物資《ぶっし》が乏《とぼ》しいうえに、遠隔地《えんかくち》の佐渡《さど》から、尊《とうと》い御供養《ごくよう》をする門下《もんか》の純粋《じゅんすい》な真心《まごころ》を最大《さいだい》にたたえられ、広宣流布の師匠《ししょう》を守《まも》り抜《ぬ》かんとするその心が、どれほど偉大《いだい》であるか、どれほど崇高《すうこう》に輝《かがや》いているかを教えられているのです。

佐渡《さど》の女性門下《じょせいもんか》の中心者《ちゅうしんしゃ》

数々《かずかず》のお手紙を拝《はい》すると、千日尼《せんにちあま》は、佐渡《さど》の女性門下《じょせいもんか》の中心的存在《ちゅうしんてきそんざい》であり、地元《じもと》の門下《もんか》たちとよく連携《れんけい》を取《と》り合《あ》っていたことがうかがわれます。

佐渡《さど》のもう一人の有力《ゆうりょく》な女性門下《じょせいもんか》であった国府尼御前《こうあまごぜん》に送《おく》られたお手紙では、「あなたは阿仏房《あぶつぼう》の尼《あま》（千日尼《せんにちあま》）と『同心《どうしん》』なのだから、二人そろって、この手紙を人に読《よ》んでもらって聞きなさい」（1324ページ、通解）と仰《おお》せになり、二人が日頃《ひごろ》から仲良《なかよ》く励《はげ》まし合《あ》っていたことが分かります。

また、千日尼《せんにちあま》へのお手紙の中《なか》でも、国府尼御前《こうあまごぜん》をはじめとする佐渡《さど》のさまざまな門下《もんか》への、大聖人の激励《げきれい》の御伝言《ごでんごん》や御指示《ごしじ》が、千日尼《せんにちあま》に託《たく》されていることがうかがえます（1318ジペー参照）。

千日尼《せんにちあま》に対し、いかなる圧迫《あっぱく》にあっても負《ま》けないように励《はげ》まされている大聖人の御真情《ごしんじょう》が、次《つぎ》の言葉《ことば》の端々《はしばし》から伝《つた》わってきます。

「なおいっそう信心に励《はげ》んでいきなさい。仏法の道理《どうり》を人に語《かた》ろうとする者《もの》を、在家《ざいけ》の男女《だんじょ》・出家《しゅっけ》の僧尼《そうに》、すなわちあらゆる人が必《かなら》ず憎《にく》むであろう。かりにも憎《にく》むなら憎《にく》むがよい。（そう心を決めなさい）……力《ちから》のあるかぎりは、謗法《ほうぼう》を責《せ》めていきなさい。日蓮の正《ただ》しい教《おし》えを助《たす》けられることは、実《じつ》に不思議《ふしぎ》に感《かん》じられてなりません」（1308ジペー、通解）

大聖人が佐渡《さど》を出《で》られた後《あと》も、千日尼《せんにちあま》は〝一歩も引くものか〟と、覚悟《かくご》を決《き》めて師《し》の正義《せいぎ》を語《かた》りに語《かた》っていたことでしょう。すでに高齢《こうれい》だったようですが、先の御文《ごもん》からも、千日尼《せんにちあま》の戦《たたか》う息吹《いぶき》が伝《つた》わってきます。

女人成仏《にょにんじょうぶつ》の法門《ほうもん》を質問《しつもん》

千日尼《せんにちあま》は、謗法《ほうぼう》の罪《つみ》の軽重《けいちょう》や女人成仏《にょにんじょうぶつ》の法門《ほうもん》について大聖人にお尋《たず》ねするなど、仏法への造詣《ぞうけい》があり、求道《きゅうどう》の心も旺盛《おうせい》であったことが分かります。

例《たと》えば、建治年間《けんじねんかん》に千日尼《せんにちあま》に宛《あ》てられたお手紙によると、〝謗法《ほうぼう》の罪《つみ》が浅いか深いか、あるいは軽いか重いかによって、その罪《つみ》の報《むく》いをどのように考えればいいのでしょうか〟と、千日尼《せんにちあま》は、大聖人に尋《たず》ねています（1307ページ参照）。

千日尼《せんにちあま》をはじめ佐渡門下《さどもんか》の多《おお》くは、長年《ながねん》、念仏《ねんぶつ》を信仰《しんこう》していたようです。佐渡《さど》で大聖人にお会いして法華経に帰依《きえ》したといっても、各人《かくじん》が自身の成仏《じょうぶつ》に不安《ふあん》を覚《おぼ》えたり、入信間《にゅうしんま》もない人々《ひとびと》ばかりで意見《いけん》が分かれたりしたことへの悩《なや》みなどがあったのでしょう。千日尼《せんにちあま》は、自分だけでなく、佐渡《さど》の同志《どうし》の気持《きも》ちを代表《だいひょう》してお尋《たず》ねしたと思われます。

その求道心《きゅうどうしん》にあふれた千日尼《せんにちあま》の姿《すがた》を、大聖人は「実《じつ》に希有《けう》な女性《じょせい》であられる」（1308ジペー、通解）と称賛《しょうさん》され、女人成仏《にょにんじょうぶつ》の道《みち》を開《ひら》いた竜女《りゅうにょ》に劣《おと》らないだろうと言われています。〝よくぞ同志が気に掛《か》けてきた問題を取り上げて聞いてくださいましたね〟との、千日尼《せんにちあま》に寄《よ》せる師匠《ししょう》の温《あたた》かいお心が伝《つた》わってくるようです。

さらに、弘安《こうあん》元年（1278年）7月のお手紙の冒頭《ぼうとう》では、仏法の法理《ほうり》に関《かん》する千《せん》日尼《にちあま》の言葉が引用《いんよう》されています。「女人《にょにん》の罪障《ざいしょう》は深《ふか》いので成仏《じょうぶつ》は叶《かな》うものであろうかと思っていましたが、大聖人の御法門《ごほうもん》に法華経は女人《にょにん》の成仏《じょうぶつ》を第一とすると説《と》かれていますので、すべてはそれを頼《たの》みとしています」（1309ジペー、趣意）と。

当時《とうじ》は、女性《じょせい》は罪深《つみぶか》い存在《そんざい》であるという偏見《へんけん》が広《ひろ》く人々《ひとびと》を覆《おお》い、本来《ほんらい》なら万人《ばんにん》を平等《びょうどう》に救《すく》うべき仏教においても、法華経以外の諸経《しょきょう》では女人《にょにん》の成仏《じょうぶつ》は叶《かな》わないとされていました。千日尼《せんにちあま》も、「女人《にょにん》の罪障《ざいしょう》」という問題に真剣《しんけん》に悩《なや》んだことでしょう。だからこそ、法華経が説《と》き明《あ》かした女人成仏《にょにんじょうぶつ》の教えを何《なに》よりの希望《きぼう》の源泉《げんせん》としたものと思われます。こうした点《てん》からも、人生に対《たい》する姿勢《しせい》が非常《ひじょう》に真摯《しんし》で、仏法に真剣《しんけん》に向《む》き合《あ》っていた女性《じょせい》であったことがうかがわれます。

この千日尼《せんにちあま》の希望《きぼう》をより確《たし》かなものとするために、大聖人は、女人成仏《にょにんじょうぶつ》こそ法華経の第一の肝心《かんじん》であることを改《あらた》めて強調《きょうちょう》し、女人成仏《にょにんじょうぶつ》の実現《じつげん》こそが御自身《ごじしん》の誓願《せいがん》の根本《こんぽん》であることを示《しめ》されています。千日尼《せんにちあま》が、この一書《いっしょ》を胸《むね》に抱《いだ》き、佐渡《さど》の女性門下《じょせいもんか》たちに喜《よろこ》び勇《いさ》んで、妙法の希望《きぼう》の法門《ほうもん》を語《かた》り伝《つた》えていったことは間違《まちが》いないでしょう。

「心《こころ》こそ大切《たいせつ》に候《そうら》へ」

大聖人と離《はな》れた月日《つきひ》がたつにつれて、千日尼《せんにちあま》は、もはや生きて大聖人とお目《め》にかかることはできない現実《げんじつ》に向《む》き合《あ》わざるを得《え》なくなります。一方《いっぽう》で、それでも一目《ひとめ》大聖人にお会いしたいという思いを抑《おさ》えがたくなったことでしょう。大聖人は、その心中《しんちゅう》を深《ふか》く思いやり、語《かた》り掛《か》けるようにつづられています。

「あなたの身《み》は佐渡《さど》の国《くに》にいらっしゃいますが、あなたの心はこの国《くに》に来《き》ています。成仏《じょうぶつ》の道《みち》も、これと同様《どうよう》です。私たちは、けがれた世界におりますが、心は霊山浄土《りょうぜんじょうど》に住《す》んでいるのです。お会いしたからといってどうなりましょう。心こそ大切なのです。いつか必《かなら》ず釈尊《しゃくそん》がいらっしゃる霊山浄土《りょうぜんじょうど》でお会いしましょう」(1316ジペー、通解)と。

信心は、師《し》に会えるか会えないかということで決まるものではありません。「心《こころ》こそ大切《たいせつ》に候《そうら》へ」です。夫《おっと》を何度《なんど》も大聖人のもとへ送《おく》り出すという行動となって現《あらわ》れた、師《し》を求《もと》め抜《ぬ》く「心《こころ》」に崇高《すうこう》な信心を見られたのです。〝場所は離《はな》れていても、師弟《してい》の心はいつも一緒《いっしょ》です〟——大聖人の励《はげ》ましに、千日尼《せんにちあま》は胸《むね》がいっぱいになったことでしょう。

夫《おっと》の阿仏房《あぶつぼう》は、弘安《こうあん》2年(1279年)3月に亡《な》くなります(1320ジペー参照)。その翌年、千日尼《せんにちあま》に宛《あ》てたお手紙には、悲《かな》しみにそっと寄《よ》り添《そ》うような温《あたた》かさが満《み》ちあふれています。「故・阿仏房《あぶつぼう》一人を寂光《じゃっこう》の浄土《じょうど》に入れることができなければ、諸仏《しょぶつ》は大《だい》苦《く》に堕《お》ちるに違《ちが》いありません」(同ジペー、通解)と、阿仏房《あぶつぼう》の成仏《じょうぶつ》が疑《うたが》いないことを示《しめ》され、こう述《の》べられています。

「おいしい食べものがあっても誰《だれ》に食べさせればいいのでしょう。一日二日離《はな》れていても心細《こころぼそ》いのに、去年《きょねん》の3月21日に死《し》に別《わか》れて、ずっと待《ま》ち暮《く》らして、今年もすでに7月です。たとえ阿仏房《あぶつぼう》が直接来《ちょくせつく》ることができなくても、どうして、あなたへの音信《おんしん》がないのでしょう」「散《ち》った花《はな》もまた咲《さ》きました。落《お》ちた実《み》もまた成《な》りました。……どうして、阿仏房《あぶつぼう》が亡《な》くなったという一事《いちじ》だけが元《もと》に戻《もど》らないのでしょう。……この人ばかりが旅立《たびだ》ったまま帰《かえ》らないことを、天《てん》も恨《うら》めしく、地《ち》も嘆《なげ》かわしいと思っていることでしょう」（1320ジペー、趣意）

子《こ》に過《す》ぎた財《たから》はない

このお手紙には、阿仏房《あぶつぼう》が亡《な》くなった年、その遺骨《いこつ》を携《たずさ》えた子息《しそく》の藤九郎《とうくろう》が身延《みのぶ》にやって来《き》たことが記《しる》されています（1322ジペー参照）。おそらくは、百箇日《ひゃっかにち》の法要《ほうよう》と埋葬《まいそう》のためと思われます。

また、その翌年も、藤九郎《とうくろう》は墓参《ぼさん》のために身延《みのぶ》を訪《おとず》れています。父親《ちちおや》の信心のあとを継《つ》いだ藤九郎《とうくろう》の姿《すがた》を見た大聖人は「阿仏房《あぶつぼう》の志《こころざし》を継《つ》いで立派《りっぱ》な法華経の行者《ぎょうじゃ》になりました」（１３２２ページ、通解）と、千日尼《せんにちあま》の子息《しそく》が立派《りっぱ》な信心の後継者《こうけいしゃ》に成長《せいちょう》したことを賛嘆《さんたん》され、「子《こ》に過《す》ぎた財《たから》はない。子《こ》に過《す》ぎた財《たから》はない」（同ページ、通解）と喜《よろこ》ばれています。

さらに後年《こうねん》、大聖人が御入滅《ごにゅうめつ》になり、五老僧《ごろうそう》が背《そむ》いて離《はな》れた後《あと》も、阿仏房《あぶつぼう》・千日尼《せんにちあま》の信心は子々孫々《ししそんそん》に受《う》け継《つ》がれ、夫妻《ふさい》のひ孫《まご》とされる日満《にちまん》は日興上人《にっこうしょうにん》から訓育《くんいく》を受《う》け、佐渡門下《さどもんか》の中心者《ちゅうしんしゃ》となることを期待《きたい》されるようになります。

伝承《でんしょう》によると、千日尼《せんにちあま》は乾元《けんげん》元年（１３０２年）に亡《な》くなったとされています。大聖人が御入滅《ごにゅうめつ》されてから20年後《ねんご》のことでした。多《おお》くの佐渡《さど》の門下《もんか》に見守《みまも》られた見事《みごと》な成仏《じょうぶつ》の姿《すがた》だったことでしょう。

【関連御書】

千日尼宛て：「阿仏房尼御前御返事」（1307ページ）、「千日尼御前御返事」（1309ページ）、「千日尼御前御返事」（1315ページ）、「千日尼御返事」（1318ページ）

女性門下《じょせいもんか》の尊《とうと》き戦《たたか》いに感謝

——池田先生の講義から

大聖人とともに戦《たたか》う女性門下《じょせいもんか》は、末代悪世《まつだいあくせ》の女人成仏《にょにんじょうぶつ》の草分《くさわ》けであり、言《い》い換《か》えれば女性解放《じょせいかいほう》の先駆者《せんくしゃ》であったともいえます。(中略)

皆《みな》、健気《けなげ》に広宣流布に戦《たたか》い、各自《かくじ》の宿命《しゅくめい》と戦《たたか》うなかで、仏法の女人成仏《にょにんじょうぶつ》を実証《じっしょう》する偉大《いだい》な闘争《とうそう》を繰《く》り広《ひろ》げています。(中略)

一切《いっさい》の女人《にょにん》の幸福《こうふく》を願《ねが》う大聖人のお心をまっすぐに受《う》け止《と》めて、幸《さち》と使命《しめい》の大道《だいどう》を歩《あゆ》む弟子《でし》たち。この師弟《してい》の世界《せかい》がある限《かぎ》り、一切《いっさい》の女性《じょせい》の幸福《こうふく》が拡大《かくだい》されゆくことは必定《ひつじょう》です。

(『勝利の経典「御書」に学ぶ』第7巻)

「師子王《ししおう》の経典《きょうてん》」を持《たも》つ強さ

――池田先生の講義から

法華経は「師子王《ししおう》の経典《きょうてん》」です。

それゆえに大聖人は千日尼《せんにちあま》に対して、「法華経の師子王《ししおう》を持《たも》つ女人《にょにん》は、一切《いっさい》の地獄《じごく》・餓鬼《がき》・畜生《ちくしょう》等の百獣《ひゃくじゅう》を恐《おそ》れることはない」と激励されているのです。

ここで「女人《にょにん》」と仰《おお》せです。男性《だんせい》中心の武家《ぶけ》社会にあった当時の女性《じょせい》は、一般に弱い立場にあった。

佐渡《さど》の信仰《しんこう》の中心者であった千日尼《せんにちあま》には、病気《びょうき》や老《お》いや家族の問題などで苦《くる》しむ女性《じょせい》たちの声が届《とど》いていたこともあるでしょう。それを大聖人に御相談《ごそうだん》申し上げたとも推察《すいさつ》されます。あるいは大聖人は、千日尼《せんにちあま》の何らかの心の揺《ゆ》らぎを察知《さっち》したのかもしれません。

いずれにしても、師子王《ししおう》の経典《きょうてん》である法華経を持《たも》つ女性《じょせい》は何も恐《おそ》れる必要《ひつよう》はないと、千日尼《せんにちあま》を包《つつ》み込《こ》むように励《はげ》まされているのです。

また、この励《はげ》ましは、むしろ女性《じょせい》の信仰《しんこう》の強さを端的《たんてき》に表現《ひょうげん》されている一節《いっせつ》として拝《はい》することもできます。

すなわち、いざという時、自分にこだわりがちな男性《だんせい》よりも、女性《じょせい》のほうが師《し》の教《おし》えの通りに妙法の無限《むげん》の力《ちから》を発揮《はっき》できるのではないでしょうか。

その信《しん》の力《ちから》が「何も恐《おそ》れず、何も迷《まよ》わず」との信仰《しんこう》の真髄《しんずい》の境地《きょうち》をもたらすのです。この境地《きょうち》を得《え》た女性《じょせい》は、もはや、いかなる魔性《ましょう》にも食《く》い破《やぶ》られることはありません。

（『希望の経典「御書」に学ぶ』第1巻）

北条弥源太《ほうじょうやげんた》

鎌倉《かまくら》

日蓮大聖人から送《おく》られたお手紙が、わずかしか残《のこ》っていないために、御書の中には、詳細《しょうさい》が分《わ》からない門下《もんか》も、少《すく》なくありません。北条弥源太《ほうじょうやげんた》もその一人で、いつ入信《にゅうしん》したかも分《わ》かりません。それでも、御文《ごもん》からは「この師匠《ししょう》のおかげで、私の人生《じんせい》は開《ひら》けた！」という日蓮門下《もんか》としての喜《よろこ》びの様子が、鮮《あざ》やかに浮《う》かび上《あ》がってきます。

鎌倉《かまくら》の有力武士《ゆうりょくぶし》

北条弥源太《ほうじょうやげんた》については、後述《こうじゅつ》する「北条弥源太《ほうじょうやげんた》への御状《ごじょう》」に「殊《こと》に貴殿《きでん》は相模《さがみ》の守《かみ》殿《どの》（＝北条時宗《ほうじょうときむね》）の同姓《どうせい》なり」（172ページ）とあることから、北条氏《ほうじょうし》の一族《いちぞく》で、鎌倉在住《かまくらざいじゅう》の武士《ぶし》であったと考《かんが》えられてきました。しかし、北条氏《ほうじょうし》の姓《せい》は「平《たいら》」であり、「源太《げんた》」は「源《みなもと》」氏《うじ》の人物であることを示《しめ》す通称《つうしょう》のため、他姓《たせい》で養子《ようし》となったか、他姓《たせい》の人物の猶子《ゆうし》（仮《かり》に結《むす》ぶ親子関係《かんけい》の子）となった人物である可能性《かのうせい》も考えられます。

弥源太《やげんた》の名前が御書中で初めて登場《とうじょう》するのは、文《ぶん》永《えい》5年（1268年）10月に大聖人が送《おく》られた十一《じゅういっ》通《つう》御書の一つである、先ほどの「北条弥源太《ほうじょうやげんた》への御《ご》状《じょう》」です。

十一通《じゅういっつう》御書は、「立正安国論《りっしょうあんこくろん》」で予言《よげん》された「他《た》国侵逼難《こくしんぴつなん》」が、同年の蒙古《もうこ》（モンゴル帝国《ていこく》）からの国《こく》

鎌倉周辺

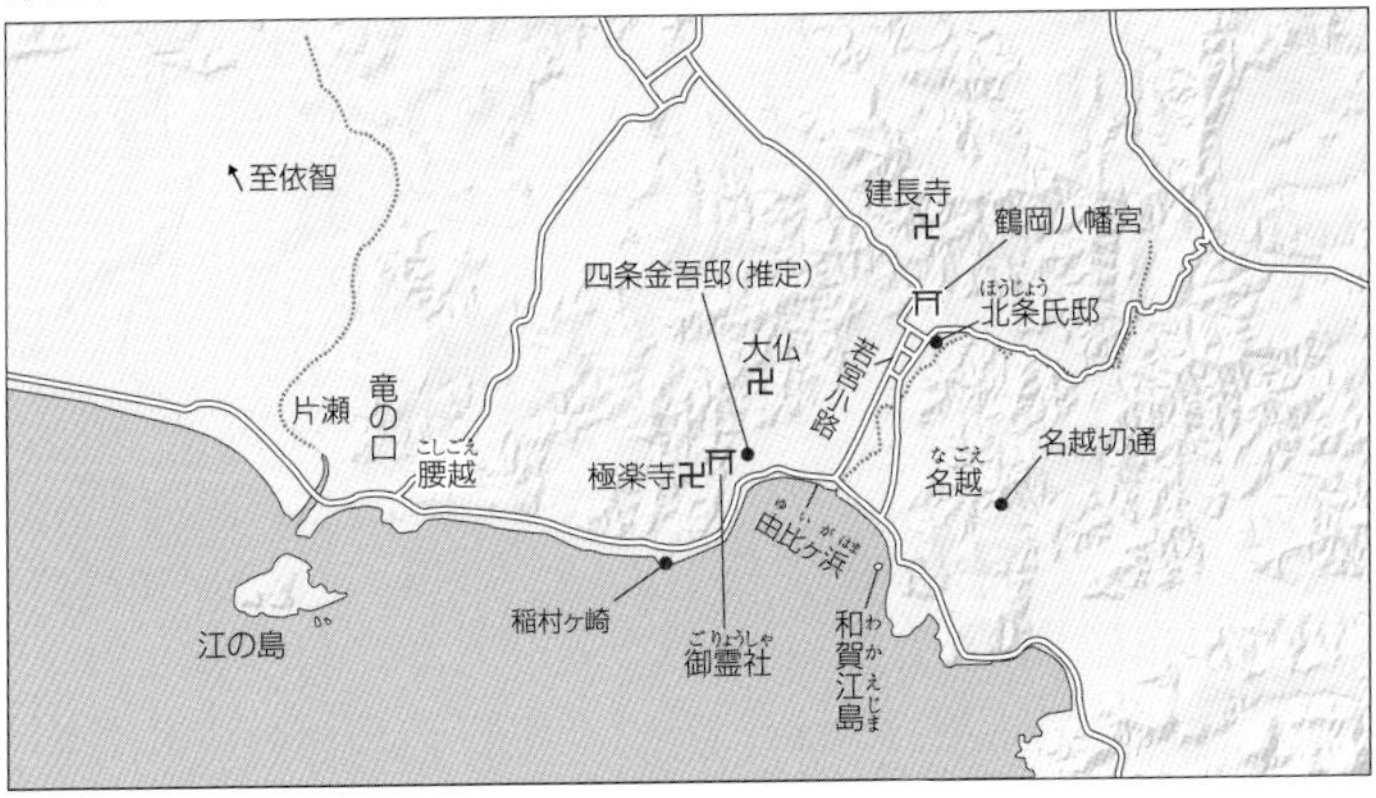

書《しょ》の到来《とうらい》で的中《てきちゅう》したことを受《う》けて、執権《しっけん》・北条時宗《ほうじょうときむね》をはじめとする幕府要人《ばくふようじん》や各宗《かくしゅう》の高僧《こうそう》に正法《しょうほう》に帰依《きえ》するよう警告《けいこく》され、諸宗《しょしゅう》との公場対決《こうじょうたいけつ》を求《もと》められた、11通《つう》の書状《しょじょう》です。

このことから、弥源太《やげんた》の地位《ちい》も相応《そうおう》に高《たか》く、幕府中枢《ばくふちゅうすう》と深《ふか》い関《かか》わりがあったと推測《すいそく》されます。また同抄《どうしょう》には、弥源太《やげんた》が大聖人のもとを訪《おとず》れていることが記《しる》されていることから、この頃《ころ》、すでに大聖人と何《なん》らかの関係《かんけい》があったと思われます。

時《とき》は過《す》ぎ、弘安《こうあん》元年（1278年）8月ごろ、弥源太《やげんた》は身延《みのぶ》の大聖人のもとを訪《おとず》れ、下山《げざん》した後、大聖人へ書状《しょじょう》をお送《おく》りしました（1229ページ参照）。

その書状《しょじょう》では、当時《とうじ》、北条時宗《ほうじょうときむね》らの帰依《きえ》を受け権勢《けんせい》を誇《ほこ》っていた禅僧《ぜんそう》・道隆《どうりゅう》の死去《しきょ》や、その弟子の動きなどを大聖人にお知らせしています。また日興上人《にっこうしょうにん》とも親交《しんこう》があったことがうかがえます。

生死《しょうじ》をさまよう容体《ようだい》

文永《ぶんえい》11年（1274年）の2月ごろ、[1]弥源太《やげんた》は重《おも》い病《やまい》を患《わずら》い、大聖人に祈禱《きとう》を依頼《いらい》しました。その際《さい》、太刀《たち》と刀《かたな》と合わせて、二振りをお届《とど》けしています（短小《たんしょう》な刀《かたな》に対《たい》し、長大《ちょうだい》なものを太刀《たち》といいます）。

この刀《かたな》は、大聖人が御返事《ごへんじ》（「弥源太殿御返事《やげんたどのごへんじ》」）で「相当《そうとう》な刀鍛冶《かたなかじ》が作《つく》ったのではないか」（1226ペー、通解）と仰《おお》せのように、弥源太《やげんた》が大切にしてきたものであったと思われます。大聖人は、この刀《かたな》を御宝前《ごほうぜん》にお供《そな》えし、弥源太《やげんた》の無事《ぶじ》を祈念《きねん》されました。

大聖人はその御返事《ごへんじ》の中《なか》で、諸宗《しょしゅう》の謗法《ほうぼう》による亡国《ぼうこく》の危機《きき》を「一日《いちにち》、片時《かたとき》もたゆむ

1　「弥源太殿御返事《やげんたどのごへんじ》」（1226ペー）と「弥源太入道殿御返事《やげんたにゅうどうどのごへんじ》」（1228ペー）は、それぞれ弥源太《やげんた》の病気《びょうき》とその回復《かいふく》を報告《ほうこく》したことに対《たい》する御返事《ごへんじ》として、従来《じゅうらい》、理解《りかい》され、御執筆年《ごしっぴつねん》は両抄《りょうしょう》とも文永《ぶんえい》11年とされる。現在《げんざい》、異《こと》なる説《せつ》もあり、後者《こうしゃ》の「弥源太入道殿御返事《やげんたにゅうどうどのごへんじ》」は、河野辺入道《かわのべにゅうどう》の記述内容《きじゅつないよう》から建治《けんじ》2年以降《いこう》の可能《かのう》性《せい》もある。その他、寺《てら》の数《かず》の記述《きじゅつ》を他抄《たしょう》と比較《ひかく》し、弘安《こうあん》3年9月の御執筆《ごしっぴつ》と考えることもできるが、いずれも確定的《かくていてき》な根拠《こんきょ》はない。その上で、前者《ぜんしゃ》の「弥源太殿御返事《やげんたどのごへんじ》」については、弥源太《やげんた》が病気《びょうき》から回復《かいふく》するまでの期間《きかん》は長くはないと考《かんが》え、後者《こうしゃ》の御書と同じ年の2月の御執筆《ごしっぴつ》と推定《すいてい》される。

ことなく叫《さけ》び続《つづ》けてきたゆえに」（1226ジペー、通解）、また法華経の行者《ぎょうじゃ》であるがゆえに、御自身《ごじしん》に三類《さんるい》の強敵《ごうてき》が競《きそ》い起《お》こって種々《しゅじゅ》の大難《だいなん》に遭《あ》っていると教《おし》えられます。そして、このような御自身《ごじしん》の弟子《でし》に弥源太《やげんた》がなったのは不思議《ふしぎ》である、きっと特別《とくべつ》な理由《りゆう》があるだろう、と述《の》べられています。

鎌倉《かまくら》で幕府要人《ばくふようじん》を諫暁《かんぎょう》された大聖人の雄姿《ゆうし》に接《せっ》してきた弥源太《やげんた》にとって、ひときわ胸《むね》に迫《せま》る一節《いっせつ》であると拝《はい》されます。

さて、お届《とど》けした名刀《めいとう》について大聖人は、この御返事《ごへんじ》で「殿《との》の御《おん》もちの時《とき》は悪《あく》の刀《かたな》・今仏前《いまぶつぜん》へまいりぬれば善《ぜん》の刀《かたな》なるべし」（1227ジペー）と仰《おお》せです。刀《かたな》は武士《ぶし》が戦闘《せんとう》で使《つか》えば、悪道《あくどう》へと引《ひ》き込《こ》む「悪《あく》の刀《かたな》」であるけれども、仏《ほとけ》に供養《くよう》したことで、弥源太《やげんた》を死後《しご》、悪道《あくどう》に堕《お》ちないように支《ささ》える「善《ぜん》の刀《かたな》」になったのである、と教《おし》えられています。

弥源太《やげんた》の病状《びょうじょう》は、生死に関《かか》わるものだったようです。続《つづ》けて、次《つぎ》のように認《したた》められています。

鎌倉と三浦半島を結ぶ要路・名越切通（神奈川県逗子市）。立宗宣言後、大聖人は名越周辺に草庵を構え、本格的な弘教を開始された

「亡《な》くなった後《あと》には、この刀《かたな》を杖《つえ》と頼《たの》みなさい。法華経は三世《さんぜ》の諸仏《しょぶつ》の発心《ほっしん》の杖《つえ》である。日蓮を杖《つえ》とも柱《はしら》とも頼《たの》みなさい。……日蓮が先に霊山《りょうぜん》へ旅立《たびだ》つならば、あなたをお迎《むか》えに行くこともあるでしょう。また、あなたが先に亡《な》くなったならば、日蓮は必《かなら》ず閻魔法王《えんまほうおう》にも詳《くわ》しく申《もう》し上《あ》げよう」（1227㌻、通解）

河野辺《かわのべ》入道《にゅうどう》の他界《たかい》

〝師の真心は、ここまで深いのか〟と、弥源太《やげんた》は胸《むね》を打《う》たれ、信心を奮《ふる》い起《お》こしたにちがいありません。その病《やまい》も、同じ

年の9月までには治《なお》すことができました。

大聖人が「お便《たよ》りもなかったので、どうされたのか」（1229ページ、通解）と案《あん》じられていたなか、弥源太《やげんた》は病気平癒《びょうきへいゆ》の旨《むね》を報告《ほうこく》しました。

弥源太《やげんた》は、自身《じしん》の回復《かいふく》を素直《すなお》に喜《よろこ》べなかったようです。それは、近《ちか》しい間柄《あいだがら》にあった河野辺入道《かわのべにゅうどう》が、亡《な》くなったからです。

河野辺入道《かわのべにゅうどう》は、鎌倉《かまくら》の中心門下《ちゅうしんもんか》の一人と推測《すいそく》されます。また一説《いっせつ》には、竜の口《たつのくち》の法難《ほうなん》の際《さい》に捕《と》らえられて牢《ろう》に入《はい》った、日朗《にちろう》ら門下《もんか》5人のうちの一人であると考《かんが》えられています。

大聖人はお手紙（「弥源太入道殿御返事《やげんたにゅうどうどのごへんじ》」）を送《おく》られました。そこには「河野辺入道《かわのべにゅうどう》がすでに先立《さきだ》たれた今《いま》は、あなたをその形見《かたみ》と拝《はい》していくことにします」（1228ページ、趣意）と仰《おお》せです。病気《びょうき》を勝《か》ち越《こ》えた今《いま》、共戦《きょうせん》の同志《どうし》に代《か》わって、あなたが広布に生《い》き抜《ぬ》きなさい、との御指導《ごしどう》と拝《はい》されます。

そして、病気《びょうき》を引《ひ》き合《あ》いに重要《じゅうよう》な法門《ほうもん》を教《おし》えられています。すなわち、人々はみな

「私は法華経を読んだ」と言っているが、空海《くうかい》（弘法《こうぼう》）・円仁《えんにん》（慈覚《じかく》）・円珍《えんちん》（智証《ちしょう》）の三大師《さんだいし》を根源《こんげん》として、法華経が真言《しんごん》の教《おし》えよりも劣《おと》るとする誤《あやま》った読《よ》み方《かた》（＝病《やまい》）が、弟子《でし》たちへと伝《つた》えられ、日本中《にほんじゅう》に蔓延《まんえん》していると仰《おお》せです。

弟子《でし》がたとえ信仰に励《はげ》んでも、教《おし》えの浅深《せんじん》・正邪《せいじゃ》を弁《わきま》えず、誤《あやま》った師《し》の教《おし》えを受《う》け継《つ》いでしまえば、時代や社会を超《こ》えて、かえって人々を不幸《ふこう》に導《みちび》いてしまう――。

仏法の根幹《こんかん》である師弟《してい》について戒《いまし》めるに当たり、弥源太《やげんた》が最《もっと》も苦《くる》しんだであろう病《びょう》気《き》を引《ひ》き合《あ》いにされたところに、大聖人の深《ふか》い御慈愛《ごじあい》が拝《はい》されます。

お手紙は「さらにお便《たよ》りを頂《いただ》きたい」（1229ページ、通解）と結《むす》ばれており、久方振《ひさかたぶ》りに届いた弥源太《やげんた》からの報告《ほうこく》を大聖人がいかに喜《よろこ》ばれたか、その温《あたた》かい心《こころ》の交流《こうりゅう》がうかがわれます。

大病《たいびょう》や同志《どうし》の他界《たかい》を経験《けいけん》した弥源太《やげんた》にとって、相当《そうとう》な地位《ちい》や財力《ざいりょく》も、自身《じしん》の宿命《しゅくめい》を前《まえ》にしては、儚《はかな》いものであったにちがいありません。

池田先生は「どんなに有名《ゆうめい》になっても、成功《せいこう》しても、師匠《ししょう》のいない人生《じんせい》は淋《さび》しい。

人間としての本当の勝利はない。人生《じんせい》の最大《さいだい》の幸福《こうふく》は、生涯《しょうがい》の師《し》を持《も》つことです」（『希望の経典「御書」に学ぶ』第3巻）と言われています。

混乱《こんらん》した世相《せそう》にあって、最高《さいこう》の師《し》を持《も》てた幸《しあわ》せを、弥源太《やげんた》は、かみしめたことでしょう。

【関連御書】

北条弥源太宛て：「北条弥源太への御状」（1172ページ）、「弥源太入道殿御消息」（1229ページ）、「弥源太殿御返事」（1226ページ）、「弥源太入道殿御返事」（1228ページ）

コラム

身延《みのぶ》の御草庵《ごそうあん》の様子《ようす》――人の往来《おうらい》

日蓮大聖人が晩年《ばんねん》を過《す》ごされた身延《みのぶ》の御草庵《ごそうあん》には、どのくらいの人が行き来《き》していたのでしょうか。

大聖人は、文永11年（1274年）5月17日に身延山《みのぶさん》（山梨県南巨摩郡《みなみこまぐん》）に入られました。山中の御草庵《ごそうあん》は、翌6月17日に完成《かんせい》しています。

入山直後《にゅうざんちょくご》は、「飢《う》えは言いようがないほどです。米《こめ》は一合《いちごう》も売《う》ってくれない。餓死《がし》してしまうことでしょう。この御房《ごぼう》たち（＝お供《とも》した弟《で》子）もみな帰《かえ》らせて、ただ一人でいることにします」（964ページ、通解）と言われる状況《じょうきょう》でした。

しかし、新天地《しんてんち》で広布開拓《かいたく》に立《た》つ師《し》を慕《した》って訪《おとず》れる門下《もんか》たちが、日に日に増《ふ》えていきました。

4年後の弘安《こうあん》元年（1278年）11月のお手紙では、人でにぎわう庵室《あんしつ》の様子《ようす》が描写《びょうしゃ》されています。

「人が少《すく》ない時《とき》でも40人、多《おお》い時《とき》には60人にもなる。いくら断《ことわ》っても、ここにいる人の兄だと言って来たり、弟だと言って訪《たず》ねたりしてきては腰《こし》を落《お》ち着《つ》けているので、気兼《きが》ねして何《なん》とも言えずにおります」（1099ページ、通解）。信頼《しんらい》する弟子《でし》に率直《そっちょく》に語《かた》った、人間味あふれるご真情《しんじょう》が拝《はい》されます。

この庵室《あんしつ》で大聖人は、法華経や仏教史《ぶっきょうし》に関《かん》する講義《こうぎ》を通《とお》し、後継《こうけい》の育成《いくせい》に全力《ぜんりょく》を注《そそ》がれました。山中の弟子《でし》を世話《せわ》する負担《ふたん》は、相当《そうとう》なものだったことでしょう。各方面《かくほうめん》の門下《もんか》が食料《しょくりょう》や調度品《ちょうどひん》の御供養《ごくよう》、御草庵《ごそうあん》の改築《かいちく》などに尽力《じんりょく》し、庵室周辺《あんしつしゅうへん》の環境《かんきょう》は次第《しだい》に整備《せいび》されていきました。

弘安《こうあん》2年（1279年）8月、曾谷教信《そやきょうしん》の息子《むすこ》である道宗《どうそう》に送《おく》られたお手紙では、「あなたが去《さ》る3月の御仏事《ごぶつじ》に、たくさんの銭《ぜに》を供養《くよう》されたので、今年は百余人《よにん》をこの山中で養《やしな》うことができ、法華経を読誦《どくじゅ》し、講義《こうぎ》しています」（1065㌻、通解）と仰《おお》せです。

このように大聖人の御草庵《ごそうあん》は、末法万年《まっぽうまんねん》の広宣流布を見据《みす》えた、人材育成《じんざいいくせい》の一大拠点《いちだいきょてん》であったといえるでしょう。同時《どうじ》にそれは、師《し》を求《もと》め、師《し》を支《ささ》えようとする弟子の真心《まごころ》によって作られた道場《どうじょう》でした。

その師弟《してい》の精神《せいしん》は時《とき》を超《こ》え、新《あたら》しい形《かたち》で、創価学会の全世界《ぜんせかい》の会館、個人《こじん》会場に受《う》け継《つ》がれています。

中興《なかおき》入道《にゅうどう》一族

佐渡《さど》

中興入道一族《なかおきにゅうどう》は、佐渡国中興《さどのくになかおき》（新潟県佐渡《さど》市中興《なかおき》）に住んでいた門下の一族です。日蓮大聖人への悪口《あっこう》や誹謗《ひぼう》が渦巻《うずま》いていた佐渡《さど》において、地域《ちいき》の人々の認識《にんしき》を大きく改《あらた》めさせた父・中興次郎入道《なかおきじろうにゅうどう》と、流罪赦免後《るざいしゃめんご》も父の志《こころざし》を受《う》け継《つ》いで大聖人を外護《げご》した息子《むすこ》・中興入道《なかおきにゅうどう》が知られています。

弘安《こうあん》2年（1279年）11月30日に、大聖人が身延《みのぶ》の地から中興入道《なかおきにゅうどう》夫妻《ふさい》に送られたお手紙（「中興入道消息《なかおきにゅうどうしょうそく》」）が残《のこ》っています。

信頼厚《しんらいあつ》き地域《ちいき》の有力者

文永《ぶんえい》9年（1272年）の夏ごろ、佐渡《さど》の塚原《つかはら》から一谷《いちのさわ》（佐渡市市野沢《さどしいちのさわ》）に移《うつ》られた大聖人は、一谷入道《いちのさわにゅうどう》の屋敷《やしき》地内で生活することになり、流罪赦免《るざいしゃめん》まで、ここで過《す》ごされます。

一谷《いちのさわ》で流人《るにん》の管理《かんり》に当たった名主《みょうしゅ》（年貢《ねんぐ》の徴収《ちょうしゅう》などを担《にな》う階層《かいそう》）は、大聖人を激《はげ》しく憎《にく》みました。しかし、名主《みょうしゅ》が管理《かんり》する地域《ちいき》にいた一谷入道《いちのさわにゅうどう》は大聖人に次第に心を寄《よ》せ、生活の便宜《べんぎ》も図《はか》るようになり、一谷入道《いちのさわにゅうどう》の妻《つま》も大聖人に帰依《きえ》しました。

中興《なかおき》の地と一谷《いちのさわ》の地は距離的《きょりてき》に近かったことから、大聖人は一谷《いちのさわ》にいらっしゃった頃《ころ》に中興入道《なかおきにゅうどう》一族と出会われたと考えられています。

さて、「中興入道消息《なかおきにゅうどうしょうそく》」では、中興入道《なかおきにゅうどう》の父・中興次郎入道《なかおきじろうにゅうどう》の人柄《ひとがら》について触《ふ》れられています。

「佐渡《さど》の島には日蓮を憎《にく》む者は多かったのだけれども、中興次郎入道《なかおきじろうにゅうどう》という老人《ろうじん》がいた。この人は、年配者であるうえに、心は賢《かしこ》く、身も裕福《ゆうふく》であり、佐渡《さど》の人々から

佐渡の天地に降り注ぐ雲間からの光。試練の荒波を越え、大聖人は人々を希望の大光で照らした

も立派《りっぱ》であると思われている人であった」（1333ページ、通解）と。中興次郎入道《なかおきじろうにゅうどう》が、地元の人々から厚《あつ》い信頼《しんらい》を集めていた地《ち》域《いき》の有力者であったことがうかがわれます。

当時、佐渡《さど》の住人たちの多くが、念仏《ねんぶつ》者《しゃ》らにたぶらかされて、大聖人に激《はげ》しい憎《にく》しみを抱《いだ》いていました。監視《かんし》の目をかいくぐって大聖人に食料《しょくりょう》をお届《とど》けした阿《あ》仏房《ぶつぼう》は、「所《ところ》を追われたり、罰金《ばっきん》に科《か》せられたり、家を取られたりする」（1314ページ、通解）ありさまでした。

こうした世間《せけん》の風評《ふうひょう》は、当然《とうぜん》、中興次《なかおきじ》

郎入道《ろうにゅうどう》の耳にも届《とど》いていたはずです。しかし、次郎入道《じろうにゅうどう》は、先入観《せんにゅうかん》を排《はい》した人間対人間の触《ふ》れ合《あ》いを通し、民衆《みんしゅう》のために正義《せいぎ》を貫《つらぬ》かれる大聖人のお心を、そのまま受け止めたのでしょう。「日蓮という僧《そう》は、何か格別《かくべつ》なところがある方《かた》であろう」（1333ページ、通解）と述《の》べていたようです。当時の状況《じょうきょう》を考えると、この発言が、どれほど勇《ゆう》気《き》あることだったか、計《はか》り知れません。

人格《じんかく》に優《すぐ》れ、信頼《しんらい》が厚《あつ》かった中興次郎入道《なかおきじろうにゅうどう》のこの認識《にんしき》は、大聖人を取《と》り巻《ま》く環境《かんきょう》を大きく変《か》えていきました。一族の人々は、次郎入道《じろうにゅうどう》とともに、大聖人に敬意《けいい》を払《はら》うようになり、中興家《なかおきけ》に仕《つか》えていた人々も危害《きがい》を加《くわ》えることはありませんでした。次郎入《じろうにゅう》道《どう》の振《ふ》る舞《ま》いはまさに、諸天善神《しょてんぜんじん》の働《はたら》きとなって大聖人をお守りすることになったのです。

一対一の大誠実《だいせいじつ》の対話が、地域《ちいき》広布の環境《かんきょう》を変《か》えるうえで、いかに大切か、大聖人と中興次郎《なかおきじろう》の心《こころ》の交流は教えてくれています。

後に、大聖人には罪科《ざいか》がないことが明白《めいはく》になり、流罪《るざい》は赦免《しゃめん》されます。その時まで大聖人が無事《ぶじ》であった背景《はいけい》には、中興次郎入道《なかおきじろうにゅうどう》をはじめとする佐渡《さど》の人々《ひとびと》の尊《とうと》い外護《げご》があったことは確《たし》かでしょう。

毎年のように大聖人のもとへ

中興入道《なかおきにゅうどう》は、この中興次郎入道《なかおきじろうにゅうどう》の息子《むすこ》です。

弘安《こうあん》2年（1279年）に中興入道《なかおきにゅうどう》に宛《あ》てられたお手紙では、「あなたは、亡《な》き次郎《じろう》入道殿《にゅうどうどの》の御子息《ごしそく》であられる」（1334ジペー、通解）、「亡《な》き父母も」（1335ジペー、通解）と仰《おお》せになっていることから、中興次郎入道《なかおきじろうにゅうどう》夫妻《ふさい》は弘安《こうあん》2年の時点で、すでに死去していたことが分かります。

中興入道《なかおきにゅうどう》夫妻《ふさい》は、父の志《こころざし》を継《つ》ぎ、法華経の信仰《しんこう》に励《はげ》んでいきました。夫妻《ふさい》は力《ちから》を合わせて大聖人を外護《げご》し、夫の中興入道《なかおきにゅうどう》は毎年のように身延《みのぶ》の大聖人のもとを訪《おとず》れたようです。

そのことを、大聖人は次のように仰《おお》せです。

「非常《ひじょう》に賢明《けんめい》であった方（＝中興次郎入道《なかおきじろうにゅうどう》）のご子息《しそく》と嫁《よめ》だからであろうか。故・入道殿《にゅうどうどの》の御志《おんこころざし》を継《つ》いで、国主《こくしゅ》も用《もち》いていない法華経を信仰《しんこう》されているだけではなく、法華経の行者である日蓮を養《やしな》い、年ごとに千里の道を送り、迎《むか》えている」（１３３４ジペー、通解）

大聖人の胸中《きょうちゅう》には、純真《じゅんしん》に信心に励《はげ》む中興入道夫妻《なかおきにゅうどうふさい》の姿《すがた》が、最《もっと》も大変《たいへん》な時に大聖人をお守りした父の姿《すがた》と重なって見えたことでしょう。

同抄《どうしょう》によると、この折《おり》、中興入道《なかおきにゅうどう》は銭一貫文《ぜにいっかんもん》を御供養《ごくよう》し、大聖人は「あなたの御供《ご》養《よう》の志《こころざし》を妙法蓮華経の御宝前《ごほうぜん》に申し上げました」（１３３１ジペー、趣意）と仰《おお》せになっています。

題目の功徳《くどく》を強調

また、お手紙では、中興入道夫妻《なかおきにゅうどうふさい》が、幼《おさな》くして亡《な》くなった娘《むすめ》の十三回忌《かいき》に際《さい》し、南無妙法蓮華経の七文字をもって供養《くよう》したことに触《ふ》れて、題目の功徳《くどく》を強調されています。故人《こじん》への追善《ついぜん》は当然《とうぜん》のことながら、題目の功徳《くどく》は、大きく周囲《しゅうい》に広がり、供養《くよう》した人は最高《さいこう》に満足《まんぞく》した人生を送ることができる。そして、亡《な》くなった父母とも霊山《りょうぜん》でまた会えると仰《おお》せです。どこまでも家族の心に寄《よ》り添《そ》おうとされる大聖人の慈愛《じあい》に満《み》ちたお心が拝《はい》されます（1334～1335ジペー参照）。

この他《ほか》に中興入道《なかおきにゅうどう》一族に関《かん》するお手紙としては、4月12日付で執筆《しっぴつ》された短い断簡《だんかん》（御書全集未収録）が残《のこ》されており、その宛先《あてさき》は「なかおきの政所女房《まんどころにょうぼう》」となっています。この「中興《なかおき》の政所《まんどころ》」が誰《だれ》を指すのか、確《たし》かなことは分かっていませんが、中興入《なかおきにゅう》道《どう》である可能性《かのうせい》も高いとされています。また、ここで言う「政所《まんどころ》」とは、地方の荘園《しょうえん》の執務所《しつむしょ》のことと考えられ、中興入道《なかおきにゅうどう》は、その中心者、あるいは関係者《かんけいしゃ》であったのかもしれません。

このお手紙は、身延期《みのぶき》の御執筆《ごしっぴつ》である「国府入道殿御返事《こうにゅうどうどのごへんじ》」（1323ジペー）と同じ日付です。だとすれば、当時、国府入道《こうにゅうどう》が身延《みのぶ》を訪《おとず》れていたことが分かっていますので、中興入道《なかおきにゅうどう》も国府入道《こうにゅうどう》と共《とも》に大聖人のもとを訪問《ほうもん》していた可能性《かのうせい》があります。

ともあれ、中興入道夫妻《なかおきにゅうどうふさい》へのお手紙だけでなく、阿仏房夫妻《あぶつぼうふさい》、国府入道夫妻《こうにゅうどうふさい》、一谷《いちのさわ》入道夫妻《にゅうどうふさい》らへのお便《たよ》りもあわせて拝《はい》すると、佐渡《さど》の大聖人の門下《もんか》たちは、個人単位《こじんたんい》というよりは、家族や一族を中心に地域《ちいき》に着実に根付《ねづ》いていったことがうかがえます。地域《ちいき》の人々が、大聖人を〝遠流の罪人《おんるのざいにん》〟という厳《きび》しい眼差《まなざ》しで見ている中、大聖人の人としての振《ふ》る舞《ま》いや偉大《いだい》な人格《じんかく》に共鳴《きょうめい》し、大聖人に帰依《きえ》した佐渡《さど》の門下《もんか》たち。一人一人を大切にする慈愛《じあい》に満《み》ちたお姿《すがた》に感銘《かんめい》を受け、〝私も師《し》の大聖人のように〟と、徹《てっ》して一人を大切にする法華経の実践《じっせん》に励《はげ》んだことでしょう。同志《どうし》一人一人が家族一体となって、手を取り合い、互《たが》いに励《はげ》まし合いながら信心に励《はげ》み、和楽の家族や一族を築《きず》き、〝善《ぜん》の連帯《れんたい》〟を地域《ちいき》で広げていったことを、佐渡《さど》の門下《もんか》へのお手紙は物語っているのです。

【関連御書】
「中興入道消息」（1331ジ《ペー》）

友情《ゆうじょう》と信頼《しんらい》の絆《きずな》を広げよう

――池田先生の講義から

この佐渡《さど》の地では、中興次郎入道《なかおきじろうにゅうどう》のみならず、阿仏房《あぶつぼう》・千日尼夫妻《せんにちあまふさい》、国府入道夫妻《こうにゅうどうふさい》をはじめ、多くの人たちが大聖人の真実のお姿《すがた》にふれて味方になり、あるいは大聖人に帰依《きえ》します。真実の人格《じんかく》に勝《まさ》る力《ちから》はありません。（中略）

広宣流布とは、友情《ゆうじょう》と信頼《しんらい》の絆《きずな》の広がりです。人間の善《ぜん》の絆《きずな》が拡大《かくだい》することが、広布の拡大《かくだい》です。私たちの実践《じっせん》で言えば、どこまでも真心を尽《つ》くし、誠実《せいじつ》に身近な家族、友人、知人の一人ひとりを大切にすることです。

「一人を徹《てっ》して大切にする」――それが、万人成仏《ばんにんじょうぶつ》の法華経の実践《じっせん》であり、教主釈尊《きょうしゅしゃくそん》が説《と》いた実践《じっせん》の肝要《かんよう》です。

人と人との「信頼《しんらい》」と「尊敬《そんけい》」による連帯《れんたい》の広がりが、広宣流布の姿《すがた》なのです。

（『勝利の経典「御書」に学ぶ』第9巻）

南条兵衛七郎《なんじょうひょうえしちろう》

駿河《するが》

南条家《なんじょうけ》といえば、時光《ときみつ》が、広布史に燦然《さんぜん》と、その名をとどめています。

しかし、その源流《げんりゅう》をたどれば、父・兵衛七郎《ひょうえしちろう》の存在《そんざい》を見過《みす》ごすわけにはいきません。

まさに、妙法流布《るふ》の礎《いしずえ》に、一人の「父」あり、です。兵衛七郎《ひょうえしちろう》は一族で最初《さいしょ》に妙法を持《たも》ちましたが、若《わか》くして人生の最終章《さいしゅうしょう》を迎《むか》えました。その中で彼が摑《つか》み取ったものとは、何だったのでしょうか。

一族で最初《さいしょ》に妙法を持《たも》つ

南条兵衛七郎《なんじょうひょうえしちろう》は、駿河国富士上方上野郷《するがのくにふじかみかたうえのごう》（静岡県富士宮市下条《しもじょう》）に住んでいた武士《ぶし》で、「上野殿《うえのどの》」とも呼《よ》ばれます。先祖《せんぞ》が伊豆国田方郡南条郷《いずのくにたがたぐんなんじょうごう》（静岡県伊豆の国市南條《なんじょう》周辺）を本拠地《ほんきょち》とする一族であったことから、「南条《なんじょう》」の名字を名乗りました。

南条氏《なんじょうし》は、鎌倉幕府《かまくらばくふ》の将軍《しょうぐん》に仕《つか》える御家人《ごけにん》の一族でしたが、同じく御家人《ごけにん》であり、幕府《ばくふ》の執権《しっけん》となった北条氏《ほうじょうし》の家督《かとく》、すなわち得宗《とくそう》にも仕《つか》えるようになりました。兵衛《ひょうえ》七郎《しちろう》は、一族が（得宗《とくそう》の家臣《かしん》となったことで）得《え》た上野郷《うえのごう》の経営《けいえい》を任《まか》されたため、この地に移《うつ》り住んでいたと考えられます。「兵衛七郎《ひょうえしちろう》」という通称《つうしょう》から、父親が兵衛尉《ひょうえのじょう》の官職《かんしょく》を持っており、その七男であったことがわかります。

妻・上野尼御前《うえのあまごぜん》は、同じ駿河国《するがのくに》の門下《もんか》・松野六郎左衛門入道《まつのろくろうざえもんにゅうどう》の娘に当たります（本書152ジペー、「上野尼御前」を参照）。

子どもは多かったようです。男子は前述《ぜんじゅつ》の次郎時光《じろうときみつ》のほかに五郎《ごろう》、女子は蓮阿尼《れんあに》（新田重綱《にいだしげつな》の妻で日目上人《にちもくしょうにん》の母）、新田信綱《にいだのぶつな》の妻、石河新兵衛能助《いしかわしんひょうえよしすけ》の妻が、御書や史料《しりょう》から確認《かくにん》できます。

＊

兵衛七郎《ひょうえしちろう》は、もとは一族で念仏《ねんぶつ》を信仰《しんこう》していました。日蓮大聖人に帰依《きえ》した時期は不明《ふめい》ですが、おそらく鎌倉《かまくら》にいた時であると思われます。

兵衛七郎《ひょうえしちろう》が住んだ駿河国《するがのくに》は、北条得宗家《ほうじょうとくそうけ》が守護《しゅご》として支配《しはい》していた地域《ちいき》です。特《とく》に上野郷《うえのごう》がある富士《ふじ》方面には「後家尼《ごけあま》ごぜん」（1461ページ参照）の家臣《かしん》が多く、強い影響力《えいきょうりょく》を持っていました。この後家尼御前《ごけあまごぜん》とは、北条時頼《ほうじょうときより》の妻《つま》であり、時宗《ときむね》の母のことで、念仏《ねんぶつ》の強信者《ごうしんじゃ》であった北条重時《ほうじょうしげとき》の娘《むすめ》に当たります。この後家尼御前《ごけあまごぜん》たちは、大聖人を時頼《ときより》・重時《しげとき》の敵《かたき》であるとして憎《にく》んでいたのです。

このように、周《まわ》りは念仏者《ねんぶつしゃ》たちばかり。その中で、兵衛七郎《ひょうえしちろう》は一族で最初《さいしょ》に妙法の信仰《しんこう》を持《たも》っていたと考えられます。そのため、身内はおろか地域住民《ちいきじゅうみん》から、驚《おどろ》きや反発が起こったことは想像《そうぞう》に難《かた》くありません。

病床《びょうしょう》で迎《むか》えた最晩年《さいばんねん》

文永《ぶんえい》元年（1264年）12月、兵衛七郎《ひょうえしちろう》は重い病《やまい》に伏《ふ》していました。まだ働《はたら》き盛《ざか》りの、これからという年齢《ねんれい》だったことでしょう。

富士の如き不動の信心は、永遠に皆の希望となっていく

それを聞かれるやいなや、大聖人はお手紙（「南条兵衛七郎《なんじょうひょうえしちろう》殿御書《どのごしょ》」）を送られました。

「ご病気であるとうかがいましたが、本当でしょうか」（1493ジペー、通解）

このお手紙は、兵衛七郎《ひょうえしちろう》宛《あ》ての御書として、唯一伝《ゆいいつつた》わっています。しかし、この一通こそが、兵衛七郎《ひょうえしちろう》はもとより、一家一族の運命を決定づけるのです。

わずか1カ月前、大聖人は小松原《こまつばら》の法難《ほうなん》に遭《あ》われ、御自身の額《ひたい》に傷《きず》を被《こうむ》り、左手を打ち折《お》られました。この時、弟子の工藤殿《くどうどの》も殉教《じゅんきょう》しています（本書32ジペー、「工藤殿」を参照）。傷《きず》も癒《い》えぬ中で認《したた》められた、このお手紙は、御書全集で6ページ、400字詰め原稿《げんこう》用紙にして約15枚に相当する長文です。この法難《ほうなん》の様子についても克明《こくめい》に描《えが》かれています。それとともに、命懸《いのちが》けで広宣流布を進める「日本第一《にほんだいいち》の法華経《ほけきょう》の行者《ぎょうじゃ》」（1498ジペー）の御確信《ごかくしん》が、ひしひしと伝《つた》わってきます。

念仏《ねんぶつ》を破折《はしゃく》

病《やまい》を口実《こうじつ》にしてでしょうか、兵衛七郎《ひょうえしちろう》は、一族から、再《ふた》び念仏《ねんぶつ》に帰依《きえ》するよう勧《すす》められていたようです。大聖人のお手紙からは、後《あと》に残《のこ》す妻子《さいし》を思うゆえの恐《おそ》れや迷《まよ》いが、兵衛七郎《ひょうえしちろう》の心の中で渦巻《うずま》いていたことがうかがえます。

このお手紙で大聖人は、「教《きょう》・機《き》・時《じ》・国《こく》・教法流布《きょうほうるふ》の先後《せんご》」の「宗教《しゅうきょう》の五綱《ごこう》」の上から、念仏信仰《ねんぶつしんこう》を破折《はしゃく》し、法華経こそが釈尊《しゃくそん》の真意《しんい》を説《と》いた教えであることを明かされます。

例《たと》えば、念仏《ねんぶつ》は、同じ釈尊《しゃくそん》が説《と》いた教えであっても、仮《かり》の教えである。善《ぜん》であっても、大善《だいぜん》を破《やぶ》る小善《しょうぜん》は悪道《あくどう》に堕《お》ちてしまう。時に合わない教えなので、末法《まっぽう》においては功力《くりき》がなく、それは冬に田をつくり苗《なえ》を植えようとするようなものである、と戒《いまし》められています。

悪《あく》の根を断《た》ち切る

併《あわ》せて大聖人は、法華経の信心が深いようでも、それだけではいけないと教えられます。

甲斐《かい》・駿河《するが》周辺

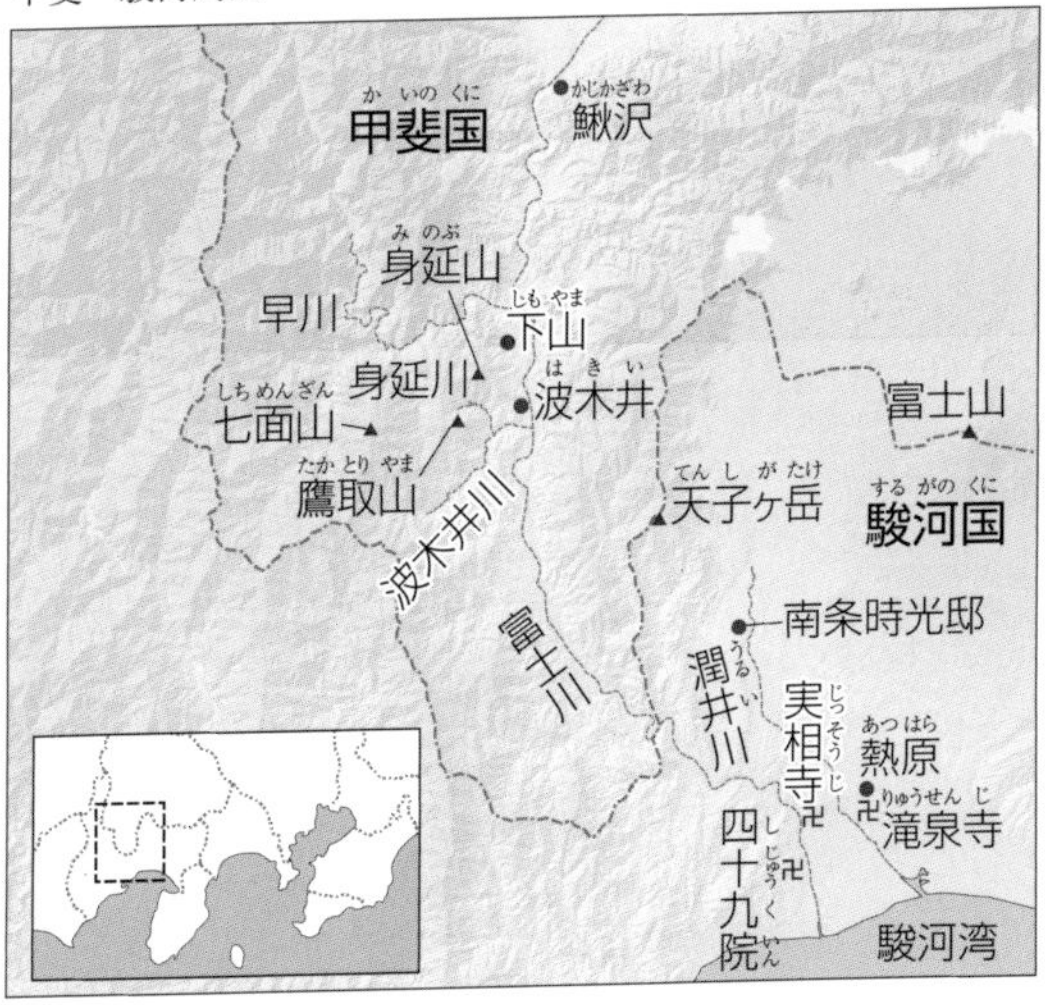

「どのような大善《だいぜん》を作り、法華経を千万部読み、書写し、一念三千《いちねんさんぜん》の観法《かんぽう》の道を得《え》た人であっても、法華経の敵《かたき》を責《せ》めなければ仏《ほとけ》の道を得《え》ることは難《むずか》しいのである」（1494ページ、通解）と。

この御文は、牧口先生の御書にも強く赤い線が引かれていた一節《いっせつ》です。「法華経の敵《かたき》」とは、浅《あさ》い教えに執着《しゅうちゃく》し、万人成仏《ばんにんじょうぶつ》を説《と》く法華経を軽視《けいし》する者のことです。このお手紙では特《とく》に、法華経を捨《す》てよと謗法《ほうぼう》を犯《おか》している法然《ほうねん》を強く破折《はしゃく》しています。

そして、「朝廷《ちょうてい》に仕《つか》える人が、10年、20年と奉公《ほうこう》しても、主君《しゅくん》の敵《かたき》を知りながら奏《そう》上《じょう》もせず、自分自身もそれと戦《たたか》おうとしなければ、長年の奉公《ほうこう》の功労《こうろう》は皆《みな》消えて、かえって、罪《つみ》に問われるようなものである」（同ページ、通解）と譬《たと》えられています。

法華誹謗《ほっけひぼう》という根源《こんげん》の悪と戦《たたか》い、不幸《ふこう》の流転《るてん》の根元を断《た》ち切る。兵衛七郎《ひょうえしちろう》は病床《びょうしょう》で、一生成仏《いっしょうじょうぶつ》の急所を師匠《ししょう》から教わります。周囲《しゅうい》の反対をはねのけ、師《し》が呼《よ》び掛《か》けた「大《だい》信心《しんじん》」（1497ページ）を奮《ふる》い起《お》こしました。その雄姿《ゆうし》は、妻や息子・時光《ときみつ》の目に深く焼《や》き付《つ》いたにちがいありません。

「日蓮の弟子」と名乗《なの》れ

兵衛七郎《ひょうえしちろう》の病状《びょうじょう》は大変《たいへん》に重かったようです。お手紙の終わりで、次のように訴《うった》えられます。

「もし日蓮より先に旅立たれるなら、梵天《ぼんてん》・帝釈天《たいしゃくてん》・四大天王《しだいてんのう》・閻魔大王《えんまだいおう》らに申し上げなさい。『日本第一の法華経の行者・日蓮房の弟子である』とお名乗りなさい。よもや粗雑《そざつ》な扱《あつか》いはされないだろう」（1498ジー、通解）

なんと心強い励《はげ》ましでしょうか。〝今世も、そして来世も、師匠と一緒に生き抜くのだ！〟。兵衛七郎《ひょうえしちろう》の心は、この大願《だいがん》に満《み》ち満《み》ちていたことでしょう。それは、一家一族の宿命転換《しゅくめいてんかん》の道が開かれた瞬間《しゅんかん》でした。

大願《だいがん》は子々《しし》孫々《そんそん》に

お手紙を頂《いただ》いてから3カ月。

文永《ぶんえい》2年（1265年）の3月8日、兵衛七郎《ひょうえしちろう》は霊山《りょうぜん》へと旅立ちました。「臨終正念《りんじゅうしょうねん》」（1508ページ）の姿《すがた》を厳然《げんぜん》と示《しめ》したことを、大聖人は伝《つた》え聞かれています。

当時、息子・時光《ときみつ》は7歳であり、末《すえ》っ子《こ》の五郎《ごろう》は、まだ妻のおなかの中にいました。

しばらくして大聖人は、鎌倉《かまくら》からはるばる上野郷《うえのごう》に自《みずか》ら出向《でむ》かれ、墓参《ぼさん》されます。

敵対者《てきたいしゃ》の多い地域《ちいき》にもかかわらず、一家を真心《まごころ》から激励《げきれい》されたのです。

この時こそが、幼《おさな》い時光《ときみつ》と大聖人との運命的な出会いとなったのです。

「情《なさ》けに厚《あつ》い人」（1554ページ、通解）と言われていた父。その父が、師《し》のもとで立て、家族に託《たく》した広布の大願《だいがん》とは。命の限《かぎ》り守ろうとした妙法とは――。師《し》の肉声《にくせい》を通し、少年の心には、信心のくさびが、しっかりと打《う》ち込《こ》まれたにちがいありません。

父の願《ねが》い、母の祈《いの》り、そして師匠《ししょう》の期待――。これらを一身に受けながら、時光《ときみつ》は立派《りっぱ》に成長《せいちょう》しました。

やがて、青年・時光《ときみつ》は、日興上人《にっこうしょうにん》のもとで後継《こうけい》の信仰に立ち上がり、民衆《みんしゅう》仏法の興《こう》隆《りゅう》の一翼《いちよく》を担《にな》います。その中で起きた熱原《あつはら》の法難《ほうなん》では、迫害《はくがい》を逃《のが》れてきた人を自邸《じてい》にかくまうなど、身を挺《てい》して戦《たたか》いました。熱原《あつはら》の法難《ほうなん》で外護《げご》を尽《つ》くした時光《ときみつ》は、大聖人から「上野賢人《うえのけんじん》」（1561ページ）との称号《しょうごう》を頂《いただ》いています。時光《ときみつ》は、若《わか》くして命にかかわる大病も乗《の》り越《こ》えています。大聖人滅後《めつご》には、身延《みのぶ》を離《はな》れた日興上人《にっこうしょうにん》を自邸《じてい》に招《まね》き、大聖人の正義《せいぎ》を厳護《げんご》することに、その生涯《しょうがい》をささげました。

「亡《な》くなった聖霊《しょうりょう》（兵衛七郎《ひょうえしちろう》）が、どれほどか、草葉《くさば》の陰《かげ》にあっても喜《よろこ》ばれていることだろう」（1508ページ、通解）

後世《こうせい》まで語《かた》り継《つ》がれる、息子の晴《は》れ姿《すがた》。そこに、父の陰徳《いんとく》がしのばれます。

【関連御書】
南条兵衛七郎宛て：「南条兵衛七郎殿御書」（1493ページ）
【参考】
『勝利の経典「御書」に学ぶ』第21巻（「南条兵衛七郎殿御書」講義）

上野尼御前《うえのあまごぜん》（南条時光《なんじょうときみつ》の母）

駿河《するが》

上野尼御前《うえのあまごぜん》こそ、南条家《なんじょうけ》の喜《よろこ》びと悲しみを誰《だれ》よりも深く味わってきたと言えるでしょう。夫亡《な》き後、子どもたちを立派《りっぱ》に育て上げ、熱原《あつはら》の法難《ほうなん》を乗《の》り越《こ》えるも、息子の急死に遭《あ》います。それでも、世間の毀誉褒貶《きよほうへん》などには目もくれず、広布に生《い》き抜《ぬ》きました。その歩みにあって、母の心に映《うつ》し出《だ》された真実とは、何だったのでしょうか。

夫の勧《すす》めで入信

上野尼御前《うえのあまごぜん》は、駿河国富士上方上野郷《するがのくにふじかみかたうえのごう》（静岡県富士宮市下条《しもじょう》）に住んでいた女性門下《もんか》です。御書では、「上野殿母尼御前《うえのどのははあまごぜん》」「上野殿後家尼御前《うえのどのごけあまごぜん》」とも呼《よ》ばれています。

一族で最初《さいしょ》に大聖人に帰依《きえ》した夫・南条兵衛七郎《なんじょうひょうえしちろう》に勧《すす》められ、尼御前《あまごぜん》も入信しました。

父は、同じ駿河国《するがのくに》に住む松野六郎左衛門入道《まつのろくろうざえもんにゅうどう》です。ただし父の入信は、娘の尼御前《あまごぜん》より、ずいぶん後のようです。

きょうだいは多くいましたが、全員が入信していたわけではなかったようです（1580ジ参照）。また夫方の親族は、念仏《ねんぶつ》を信仰《しんこう》していました。

「子ども・あまた《数多》をはしませば」（1567ジ）と御書に仰《おお》せのように、尼御前《あまごぜん》の夫《ふ》妻《さい》は、子宝《こだから》に恵《めぐ》まれました。男子は、次郎時光《じろうときみつ》と五郎《ごろう》、女子では、後に、伊豆国在住《いずのくにざいじゅう》の新田重綱《にいだしげつな》の妻となり日目上人《にちもくしょうにん》の母となる蓮阿尼《れんあに》、また新田信綱《にいだのぶつな》の妻、駿河国在住《するがのくにざいじゅう》の石河新兵衛能助《いしかわしんひょうえよしすけ》の妻となる女性が、御書や史料《しりょう》から確認《かくにん》できます。

このように、尼御前《あまごぜん》は母として、多くの広布後継《こうけい》の人材《じんざい》を育て上げたのでした。

戦《たたか》い切った夫《おっと》の姿《すがた》

尼御前《あまごぜん》は、夫《おっと》・兵衛七郎《ひょうえしちろう》を若《わか》くして病気で亡《な》くしました。文永《ぶんえい》2年（1265年）3月8日のことでした。

周《まわ》りの親類《しんるい》は、いまだ信心に反発しています。そんな中、残《のこ》された多くの子どもを養《やしな》っていかなければなりません。しかも、末《すえ》っ子《こ》の五郎《ごろう》は、まだおなかの中にいました。

尼御前《あまごぜん》は、夫《おっと》の後を追って死のうとまで思い詰《つ》めます。それでも、このおなかの子が、それを踏《ふ》みとどまらせたのでした（1572ページ参照）。

夫《おっと》の追善《ついぜん》のため、尼御前《あまごぜん》は大聖人に御供養《ごくよう》をお送りしました。同年7月の御返事《ごへんじ》（「上野殿後家尼御返事《うえのどのごけあまごへんじ》」）で、大聖人は、こう仰《おお》せになりました。

「生死《しょうじ》を繰《く》り返《かえ》しゆく間に夫婦《ふうふ》となった男性は、大海の砂《すな》の数よりも多くいらっしゃったことでしょう。そのなかで、今度の夫婦《ふうふ》の絆《きずな》こそが、真実の絆《きずな》で結《むす》ばれた夫《おっと》なのです。

そのわけは、あなたは夫《おっと》の勧《すす》めによって法華経の行者《ぎょうじゃ》になられたからです。ですから、亡《な》くなった夫《おっと》を仏《ほとけ》と拝《はい》するべきです。生きていらっしゃった時は生《せい》の仏《ほとけ》。今は死の仏《ほとけ》。生死《しょうじ》ともに仏《ほとけ》なのです。即身成仏《そくしんじょうぶつ》という重要《じゅうよう》な法門《ほうもん》は、このことです」（1504ジペー、通解）と。

夫《おっと》は、周囲《しゅうい》の圧迫《あっぱく》に負けず、地域《ちいき》の一粒種《ひとつぶだね》として、命を懸《か》けて妙法を守り抜《ぬ》き、信心を教えてくれました。そして、即身成仏《そくしんじょうぶつ》の姿《すがた》を示《しめ》して亡《な》くなったのです。その一部《いちぶ》始終《しじゅう》を目の当《ま》《あ》たりにしてきただけに、尼御前《あまごぜん》は、何度もこの仰《おお》せを拝《はい》し、うなずいたことでしょう（なお、同抄《どうしょう》は文永《ぶんえい》11年の御執筆《ごしっぴつ》ともいわれてきましたが、内容《ないよう》などから、兵衛《ひょうえ》七郎《しちろう》の逝去《せいきょ》のすぐ後、文永《ぶんえい》2年7月の御述作《ごじゅっさく》と考えられます）。

わが子を後継《こうけい》の人材《じんざい》に

夫《おっと》から託《たく》された信心という宝《たから》を、わが子にも！――尼御前《あまごぜん》は、そう心に期していたにちがいありません。

大聖人が文永《ぶんえい》11年（1274年）に身延《みのぶ》に入山《にゅうざん》された直後、16歳となった時光《ときみつ》は、いち早く師《し》のもとを訪《おとず》れます。その時の時光《ときみつ》の姿《すがた》を、大聖人はお手紙で「父上の形見《かたみ》として、御身《おんみ》を若《わか》くして、子息《しそく》を遺《のこ》しおかれたのでしょうか」（1507ジペー、通解）とまでおっしゃってくださいました。母は、子どもたちを後継《こうけい》の人材《じんざい》に育てようと、固《かた》く誓《ちか》ったことでしょう。

このお手紙の後、弘安《こうあん》3年（1280年）までの6年間に尼御前《あまごぜん》に宛《あ》てられた御書は、現在伝《げんざいつた》わっていないので、この間の足跡《そくせき》は、詳《くわ》しくは分かりません。対して時光《ときみつ》は、大聖人から毎年、お手紙で御指導《ごしどう》を頂《いただ》いており、そこから、彼が駿河《するが》の門下《もんか》のリーダーへと成長《せいちょう》していく様子がうかがい知れます。

母が息子たちをいかに陰《かげ》で支《ささ》えたか、その労苦《ろうく》がしのばれます。

孫誕生《まごたんじょう》の喜《よろこ》び

熱原《あつはら》の法難《ほうなん》の余燼《よじん》くすぶる弘安《こうあん》3年（1280年）は、南条家《なんじょうけ》にとって、生《せい》の喜《よろこ》び

蟬《せみ》や猿の声が響くと御書に記された（904ページ）身延の山中（山梨県）

と死の嘆《なげ》きが、相次《あいつ》いで起こった年でした。生《せい》の喜《よろこ》びは、暑さも残《のこ》る旧暦《きゅうれき》の秋に訪《おとず》れます。時光《ときみつ》のもとに男児《だんじ》が誕生《たんじょう》したのです。

大聖人は同年8月、自《みずか》ら男の子に「日若御前《ひわかごぜん》」（1566ページ）と命名されました。家を継《つ》げる孫《まご》が誕生《たんじょう》したことは、尼御前《あまごぜん》にとって、無上《むじょう》の喜《よろこ》びだったにちがいありません。

五郎《ごろう》の早世

ところが、それからわずか十日、今度は悲劇《ひげき》が訪《おとず》れます。同年9月5日、末《すえ》っ子《こ》の五郎《ごろう》が、突然《とつぜん》、16歳の若《わか》さで亡《な》くなったのです。

しかも、文永《ぶんえい》11年（1274年）の時点で、残《のこ》された男子は次郎時光《じろうときみつ》と五郎《ごろう》だけとなっていたようです（1507、1572ジペー参照）。母の嘆《なげ》きは、察《さっ》するに余《あま》りあります。

訃報《ふほう》を聞かれた大聖人は、すぐさま筆を執《と》られます。五郎《ごろう》の亡《な》くなった日の翌日《よくじつ》、尼御前《あまごぜん》の心を察《さっ》し、時光《ときみつ》に宛《あ》ててお手紙を送られました。

「人は皆《みな》、生まれては必《かなら》ず死ぬ定《さだ》めであることは、智者《ちしゃ》も愚者《ぐしゃ》も、上下万人が一同に承知《しょうち》していることですから、その時になって、はじめて嘆《なげ》いたり、驚《おどろ》いたりするべきではないと、自分も心得《こころえ》、人にも教えてきましたが、実際《じっさい》に五郎殿《ごろうどの》が亡《な》くなられるという時に巡《めぐ》り合《あ》ってみると、夢《ゆめ》か幻《まぼろし》か、いまだに分からないのです。まして母上が、どれほど嘆《なげ》かれていることでしょうか。……本当のこととも思えないので、書きつける気分にもなりません」（1567ジペー、通解）

五郎《ごろう》は、亡《な》くなる3カ月前の6月15日、兄・時光《ときみつ》と一緒《いっしょ》に、身延《みのぶ》の大聖人のもとへ行ってお目にかかったばかりでした。

その時の五郎《ごろう》の姿《すがた》を、大聖人は「ああ、度胸《どきょう》のすわった男だな、すばらしい男だな」（1567㌻、通解）と喜《よろこ》ばれていました。

尼御前《あまごぜん》にとって、師《し》の期待をいただいた、自慢《じまん》の息子でした。夫《おっと》の後を追って死にたいとまで思ったのを踏《ふ》みとどまらせた、わが息子でした。

その息子にもう会えないとは、なんと悲しいことであろうか、と大聖人は心の底《そこ》から、その死を惜《お》しまれています。

師《し》の慈愛《じあい》は限《かぎ》りなく

四十九日が近づいてきました。

尼御前《あまごぜん》は、五郎《ごろう》の追善《ついぜん》のため、大聖人に御供養《ごくよう》をお届《とど》けしました。大聖人は法要《ほうよう》を営《いとな》まれ、次のような御返事《ごへんじ》を書かれています。

「悲母《ひも》がわが子を恋《こい》しく思われるなら、南無妙法蓮華経と唱《とな》えられて、故・南条兵衛七郎殿《なんじょうひょうえしちろうどの》、故・五郎殿《ごろうどの》と同じところに生まれようと願《ねが》いなさい。……同じ妙法蓮華経の種《たね》を心に孕《はら》まれるなら、同じ妙法蓮華経の国へお生まれになるでしょう。父と母と

子の3人が顔を合わせられる時、そのお悦《よろこ》びはいかばかりで、どんなにうれしく思われることでしょう」（1570ジペー、通解）

妙法によって結《むす》ばれた絆《きずな》は、何ものにも断《た》ち切《き》られることはない、わが子の成仏《じょうぶつ》は間違《まちが》いないと、これ以降《いこう》のお手紙でも、大聖人は何度も何度も、断言《だんげん》されているのです。

特《とく》に、弘安《こうあん》4年（1281年）、大聖人御自身が御入滅《ごにゅうめつ》になる1年前には、こう仰《おお》せです。

「日蓮は病気のために、人々からのお手紙にも御返事《ごへんじ》を書かないでおりましたが、この故・五郎殿《ごろうどの》のことは、あまりにも悲しく思いましたので、筆を執《と》ったのです。私も、まず永《なが》くはこの世にはいないでしょう。死後は、きっと、五郎殿《ごろうどの》に行きあうであろうと思っております。母の尼御前《あまごぜん》より先にお会いしたら、母の嘆《なげ》きを申《もう》し伝《つた》えましょう」（1584ジペー、通解）

母は負けない

尼御前《あまごぜん》は、事あるごとに大聖人へ御供養《ごくよう》をお届《とど》けし、手紙で御指導《ごしどう》を仰《あお》ぎました。

例《たと》えば、すでに弘安《こうあん》3年までには父（松野六郎左衛門入道《まつのろくろうざえもんにゅうどう》）を亡《な》くしていましたが、きょうだいには入信していない者もいて、父へ追善供養《ついぜんくよう》をしても、法華経以外《いがい》では謗法《ぼう》となってしまうのか、と質問《しつもん》しています。大聖人は御返事《ごへんじ》を認《したた》められ、あなたが妙法を信じたのだから、父への孝養《こうよう》は間違《まちが》いないのです、と約束《やくそく》されました（1580ページ以下参照）。

この御返事《ごへんじ》の末尾《まつび》には、日興上人《にっこうしょうにん》が尼御前《あまごぜん》に内容《ないよう》を読み聞かせるよう指示《しじ》されています。このように尼御前《あまごぜん》は、日頃《ひごろ》、直接《ちょくせつ》には日興上人《にっこうしょうにん》から御指導《ごしどう》を受けていたと思われます。

*

上野尼御前《うえのあまごぜん》の晩年《ばんねん》については、詳《くわ》しくは分かっていません。古文書《こもんじょ》によれば、永仁《えいにん》3年（1295年）時点では、存命《ぞんめい》であったようです。

時は大聖人御入滅《ごにゅうめつ》の後。日興上人《にっこうしょうにん》を中心に師《し》の正義《せいぎ》を守り抜《ぬ》く、重大局面を日蓮門《もん》下《か》は迎《むか》えていました。その渦中《かちゅう》にあって、息子・時光《ときみつ》は、母が幾度《いくど》となく自分の背中《せなか》を押《お》してくれていると感じたことでしょう。

この間、時光《ときみつ》は、身延《みのぶ》を離山《りざん》された日興上人《にっこうしょうにん》を自邸《じてい》にお招《まね》きし、大坊《だいぼう》を寄進《きしん》しています。そして弟の分まで、以後、約40年にわたって、令法久住《りょうぼうくじゅう》のためにわが身《み》をささげていくのです。

日蓮仏法を継承《けいしょう》する雄姿《ゆうし》を見守り、天寿《てんじゅ》を全《まっと》うした母の心は、晴《は》れ晴《ば》れと澄《す》みきっていたにちがいありません。

【関連御書】
「上野殿後家尼御返事」（1504㌻）、「上野殿母御前御返事」（1568㌻）、「上野尼御前御返事」（1575㌻）、「上野尼御前御返事」（1580㌻）、「上野殿母御前御返事」（1583㌻）

【参考】
『勝利の経典「御書」に学ぶ』第16巻（「上野殿母御前御返事」講義）、『希望の経典「御書」に学ぶ』第1巻（「上野殿後家尼御返事」講義）、『永遠の経典「御書」に学ぶ』第3巻（「上野殿御書」「上野尼御前御返事」「上野殿母御前御返事」）

講義）、『信仰の基本「信行学」』（「民衆の境涯を高める 学会の『教学』」の章、「上野殿後家尼御返事」を講義）、「世界を照らす太陽の仏法」第38回（２０１８年６月号「大白蓮華」、「上野殿後家尼御返事」を講義）

「生《せい》も歓喜《かんき》」「死も歓喜《かんき》」の生命観《かん》

――池田先生の指針《ししん》から

死は単《たん》なる生《せい》の欠如《けつじょ》ではなく、生《せい》と並《なら》んで、一つの全体を構成《こうせい》する不可欠《ふかけつ》の要素《ようそ》なのでありま す。その全体とは「生命」であり、生き方としての「文化」であります。ゆえに、死を排除《はいじょ》するのではなく、死を凝視《ぎょうし》し、正しく位置《いち》づけていく生命観《かん》、生死観《しょうじかん》、文化観《かん》の確立《かくりつ》こそ、21世紀の最大《さいだい》の課題《かだい》となってくると私は思います。

仏教では「法性《ほっしょう》の起滅《きめつ》」を説《と》きます。法性《ほっしょう》とは、現象《げんしょう》の奥《おく》にある生命のありのままの姿《すがた》をいいます。生死《しょうじ》など一切の事象《じしょう》は、その法性《ほっしょう》が縁《えん》に触《ふ》れて「起《き》」すなわち出現《しゅつげん》し、「滅《めつ》」すなわち消《しょう》滅《めつ》しながら、流転《るてん》を繰《く》り返《かえ》していくと説《と》くのであります。

従《したが》って死とは、人間が睡眠《すいみん》によって明日への活力《かつりょく》を蓄《たくわ》えるように、次なる生《せい》への充電《じゅうでん》期間のようなものであって、決して忌《い》むべきではなく、生《せい》と同じく恵《めぐ》みであり、嘉《よみ》せらるべきことと説《と》くのであります。

ゆえに、大乗仏典《だいじょうぶってん》の精髄《せいずい》である法華経では、生死《しょうじ》の流転《るてん》しゆく人生の目的《もくてき》を「衆生所遊楽《しゅじょうしょゆうらく》」とし、信仰《しんこう》の透徹《とうてつ》したところ、生《せい》も喜《よろこ》びであり、死も喜《よろこ》び、生《せい》も遊楽《ゆうらく》であり、死も遊楽《ゆうらく》であると説《と》き明《あ》かしております。

（ハーバード大学講演「21世紀文明と大乗仏教」、『池田大作全集』第2巻所収）

南条時光《なんじょうときみつ》

駿河《するが》

かつて戸田先生と男女青年部が懇談《こんだん》していた時のこと。〝日蓮大聖人の弟子の中で、誰が一番好きか？〟との問いに、若《わか》き池田先生は、即座《そくざ》に「南条殿《なんじょうどの》です」と答えられました。

また池田先生は、戸田先生がよく「南条時光《なんじょうときみつ》を見習っていけ」と言われ、「時光《ときみつ》を手本として親孝行《おやこうこう》せよ」とも呼《よ》びかけられた、と教えてくださっています。

創価の師弟《してい》が門下《もんか》の鑑《かがみ》とされた、〝未来部・青年部出身〟とも言うべき南条時光《なんじょうときみつ》。青春時代の誓《ちか》いをまっすぐに貫《つらぬ》き通《とお》した生涯《しょうがい》を見ていきます。

富士山の湧水が集まる白糸の滝（静岡県富士宮市）

富士山麓《ふじさんろく》を駆《か》ける武士《ぶし》

まずは時光《ときみつ》の出身や家族、社会的《しゃかいてき》立場について確認《かくにん》しておきましょう。

南条時光《なんじょうときみつ》（1259年〜1332年）は、駿河国《するがのくに》富士《ふじ》上方《かみかた》上野郷《うえのごう》（静岡県富士宮市下《しも》条《じょう》）に住んでいた武士《ぶし》です。「上野殿《うえのどの》」などと通称《つうしょう》されました。時光《ときみつ》は、南条《なんじょう》兵衛七郎《ひょうえしちろう》の子で、「七郎次郎《しちろうじろう》」と呼《よ》ばれていたことから、兵衛七郎《ひょうえしちろう》の次男であると考えられます。

時光《ときみつ》には多くのきょうだいがいました。弟の七郎五郎《しちろうごろう》の他に4人の姉妹が、御書や史料《しりょう》から確認《かくにん》できます（本書14

2ページ、「南条兵衛七郎」・本書152ページ、「上野尼御前」を参照）。
また、時光《ときみつ》は、妻《つま》との間に多くの子をもうけました。古文書《こもんじょ》から、少なくとも8男3女が確認《かくにん》できます。

社会的立場《しゃかいてき》について

駿河国《するがのくに》（静岡県中部）には、得宗《とくそう》（北条氏《ほうじょうし》の家督《かとく》）の直轄領《ちょっかつりょう》、すなわち得宗領《とくそうりょう》が多くあり、上野郷《うえのごう》もその一つでした。南条氏《なんじょうし》はもとは御家人《ごけにん》でしたが、得宗《とくそう》の家臣《かしん》（得宗《とくそう》被官《ひかん》）となったことで上野郷《うえのごう》を所領《しょりょう》として得《え》たと考えられますが、時光《ときみつ》の父・兵衛七郎《ひょうえしちろう》は、その所領経営《しょりょうけいえい》を任《まか》されたため、この地に移《うつ》り住《す》んだと思われます。

時光《ときみつ》は、父の家督《かとく》を継《つ》ぎ、上野郷《うえのごう》の経営《けいえい》を担《にな》うことになります。時光《ときみつ》の社会的立場《しゃかいてき》は、上野郷《うえのごう》の「地頭《じとう》」であると言われてきました。地頭《じとう》とは、荘園《しょうえん》（私有地）や公領《こうりょう》（公有地）の現地を支配《しはい》する職《しょく》であり、これは、鎌倉《かまくら》幕府の将軍《しょうぐん》と直接主従関係《しゅじゅうかんけい》を結《むす》んだ御家人《ごけにん》に対して恩給《おんきゅう》として与《あた》えられ、徴税《ちょうぜい》、土地の管理《かんり》、警察《けいさつ》、裁判《さいばん》を担《にな》いました。

また最近《さいきん》では、時光《ときみつ》が得宗被官《とくそうひかん》であることから、上野郷《うえのごう》の地頭《じとう》は得宗家《とくそうけ》の者であり、そのもとで時光《ときみつ》は「給主《きゅうしゅ》」を務《つと》めていたとする研究もあります。この場合の給主《きゅうしゅ》は、地頭《じとう》から家臣《かしん》に対する恩給《おんきゅう》として、土地の使用権等を与《あた》えられ、その土地を実際《じっさい》に現地で管理《かんり》し、納税《のうぜい》の義務《ぎむ》を負《お》っていました。

心に迫《せま》る父の遺志《いし》

それでは、時光《ときみつ》の〝未来部〟の時代から見ていくことにしましょう。

文永《ぶんえい》2年（1265年）、時光《ときみつ》が7歳の時のことです。3月8日、父・兵衛七郎《ひょうえしちろう》は病気のため亡《な》くなりました。それを聞かれた大聖人は、墓参《ぼさん》のために鎌倉《かまくら》から、わざわざ上野郷《うえのごう》の南条家《なんじょうけ》へ足を運ばれました。その折《おり》に時光《ときみつ》は、大聖人にお会いすることができたのです。

父は念仏《ねんぶつ》を捨《す》てて大聖人の弟子となり、闘病《とうびょう》の末《すえ》、信心を貫《つらぬ》き通《とお》しました。生前《せいぜん》の父の姿《すがた》を知る時光《ときみつ》は、大聖人の御振《おふ》る舞《ま》いに接《せっ》して、父の胸《むね》の奥《おく》にある師弟《してい》の魂《たましい》を感じたことでしょう。少年の心に、後継《こうけい》の灯《ひ》がともされたのでした。

それから9年間、現在、残されている御抄《ごしょう》を拝《はい》する限《かぎ》り、大聖人から南条家《なんじょうけ》へ送られたお手紙はありません。しかし父亡《な》き後、母・上野尼御前《うえのあまごぜん》の篤《あつ》い信仰心《しんこうしん》に支《ささ》えられて、一家は純真《じゅんしん》な信心を続けていきました。

9年ぶりに師《し》と再会《さいかい》

文永《ぶんえい》11年（1274年）3月、大聖人は佐渡流罪《さどるざい》から赦免《しゃめん》されて鎌倉《かまくら》に帰られ、5月、身延山《みのぶさん》（山梨県南巨摩郡《みなみこまぐん》）に入られました。そのことを聞いた時光《ときみつ》は、早速、7月末に御供養《ごくよう》の品々をもって大聖人のもとを訪《おとず》れたのです。この時、時光《ときみつ》は16歳。ちょうど今の高等部員と同じ年代《ねんだい》です。

9年ぶりに師《し》と再会《さいかい》した時光《ときみつ》は、立派《りっぱ》な若武者《わかむしゃ》に成長《せいちょう》していました。大聖人は、お礼のお手紙を送り、わが事のように喜《よろこ》ばれています。

「父上の形見《かたみ》として、御身《おんみ》を若《わか》くして子息を遺《のこ》しおかれたのでしょうか。姿《すがた》も違《たが》わ

ないばかりか、お心まで似《に》ていらっしゃることは言いようもありません」（1507ページ、通解）

そして終わりに、「ああ、人はよき子どもを持つべきものであると、涙《なみだ》をおさえることはできませんでした」（同ページ、通解）とまで仰《おお》せになっています。

このお手紙を頂《いただ》いた頃《ころ》には、兄である長男の七郎太郎《しちろうたろう》が不慮《ふりょ》の事故《じこ》で亡《な》くなっていたとも伝えられています。時光《ときみつ》は家督《かとく》を継《つ》ぎ、一家の柱として、また上野郷《うえのごう》で重責《じゅうせき》を担《にな》っていく立場にありました。

とはいえ、念仏信仰《ねんぶつしんこう》の強い地域《ちいき》にあって、南条家《なんじょうけ》に対し、いまだ反発や根深い無理《むり》解《かい》があったことは、想像《そうぞう》に難《かた》くありません。

11月に時光《ときみつ》が頂《いただ》いたお手紙では、念仏《ねんぶつ》をはじめ、当時、鎌倉《かまくら》で流行していた禅宗《ぜんしゅう》や真言宗《しんごんしゅう》について、短いながらも的確《てきかく》、かつ厳《きび》しい破折《はしゃく》を加《くわ》えられています。そして、こうした破邪顕正《はじゃけんせい》の御闘争《ごとうそう》を「20年余りにわたって、声も惜《お》しまず、叫《さけ》んできている」（1510ページ、通解）と述《の》べられ、「人は誹《そし》るであろうが、我ら日蓮一門は、それらを、ものとも思わぬ法師《ほっし》等である」（1510ジ《ペー》、通解）と、お手紙を結《むす》ばれています。時光《ときみつ》は、宗教革命《しゅうきょうかくめい》を断行《だんこう》する師《し》の真情《しんじょう》、謗法呵責《ほうぼうかしゃく》の精神《せいしん》を、しっかりと命に刻《きざ》んだことでしょう。

日興上人《にっこうしょうにん》との出会い

それから2カ月後。文永《ぶんえい》12年（1275年）、身延《みのぶ》で初めて迎《むか》えられた正月、大聖人は時光《ときみつ》にお手紙を送られました。

その中で大聖人は、かつて兵衛七郎《ひょうえしちろう》の墓参《ぼさん》のために上野郷《うえのごう》を訪《たず》ねられたことを思い出されつつ、昨年、身延入山《みのぶにゅうざん》のため近くを通りながらも南条家《なんじょうけ》に寄《よ》って墓参《ぼさん》することができなかったので、日興上人《にっこうしょうにん》を正月のうちに遣《つか》わして、墓前《ぼぜん》で法華経寿量品《じゅりょうほん》の自我偈《じがげ》を読誦《どくじゅ》させたいと考えていると仰《おお》せになっています（春の祝《いわい》御書、1510ジ《ペー》）。

この正月、日興上人《にっこうしょうにん》（1246年〜1333年）と時光《ときみつ》との出会いがあり、強い心の絆《きずな》が結《むす》ばれたものと思われます。時に日興上人《にっこうしょうにん》は30歳、時光《ときみつ》は17歳でした。

日興上人《にっこうしょうにん》は少年時代を、母方の祖父《そふ》・西山（駿河国富士上方《するがのくにふじかみかた》西山＝富士宮市西山）の河合《かわい》家、ついで天台宗《てんだいしゅう》寺院の四十九院《しじゅうくいん》（駿河国蒲原荘中之郷《するがのくにかんばらのしょうなかのごう》＝静岡市清水区東部および富士市中之郷《なかのごう》周辺）で過《す》ごされました。このように、駿河《するが》の地に縁故《えんこ》が深かったことから、大聖人の身延入山《みのぶにゅうざん》後は、この地での弘教《ぐきょう》に力《ちから》を注《そそ》がれたのです。

日興上人《にっこうしょうにん》は、大聖人のおられる身延《みのぶ》と駿河《するが》の富士の地とを頻繁《ひんぱん》に行き来《き》しながら、かなりの日数、富士方面に滞在《たいざい》されたと思われます。そうした日興上人《にっこうしょうにん》の指導を受けつつ、時光《ときみつ》は正しい信心を身につけるとともに、親類などを折伏《しゃくぶく》していきました。南条家《なんじょうけ》は、賀島《かじま》（駿河国富士下《するがのくにふじしも》方賀島荘《かたかじまのしょう》＝富士市加島《かじま》町周辺）の高橋家とともに、この方面の広布の中心拠点《きょてん》となっていったの

甲斐《かい》・駿河《するが》周辺

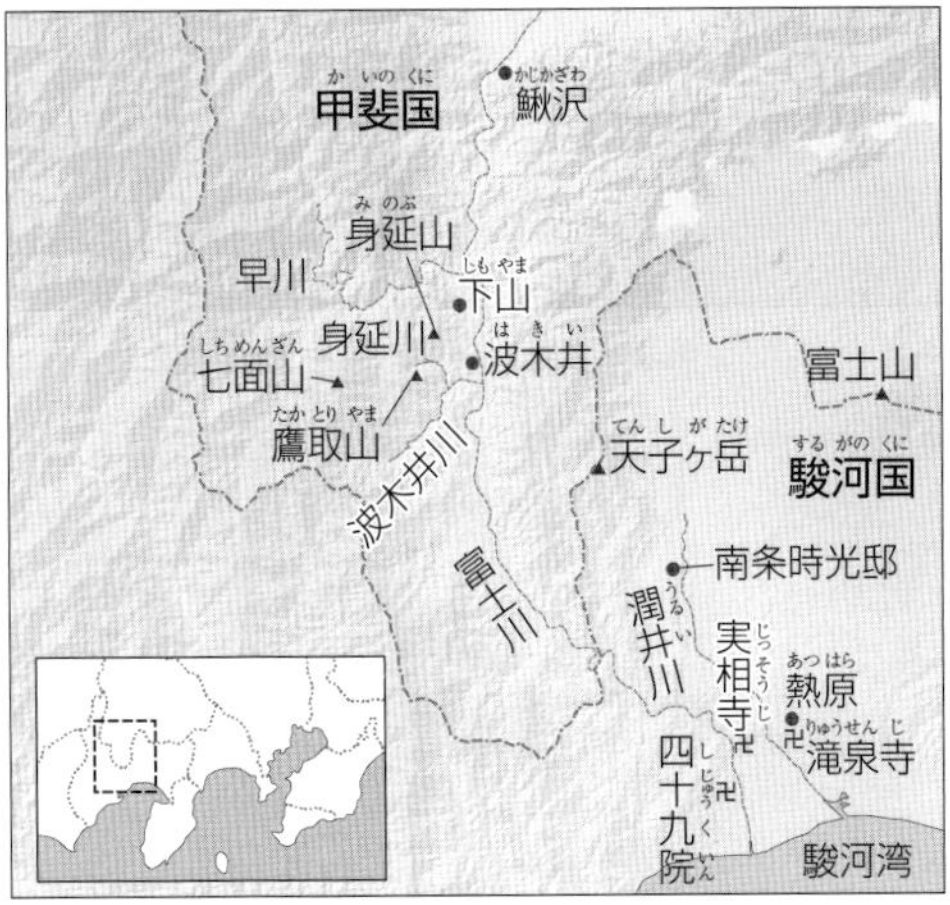

です。

同じ年、改元《かいげん》して建治《けんじ》元年（1275年）10月には、日興上人《にっこうしょうにん》の申し次ぎにより、時光《ときみつ》は大聖人から御本尊を授与《じゅよ》されています。

勝利《しょうり》の人間学を伝受《でんじゅ》

父を失《うしな》い、一家の跡継《あとつ》ぎとなった時光《ときみつ》。若《わか》くして社会の厳《きび》しさに直面したことで、苦労《くろう》を重ねて自分を育ててくれた母の恩《おん》と、生前の父の背中《せなか》の大きさを、身に染《し》みて感じていたことでしょう。

その多感な10代の心を、大聖人は限《かぎ》りない真心で励《はげ》まされました。「上野殿御消息《うえのどのごしょうそく》（四徳四恩御書《しとくしおんごしょ》）」は建治《けんじ》元年の御述作《ごじゅっさく》と言われていますが、このお手紙で大聖人は、時光《ときみつ》に対し、現実社会で磨《みが》いていくべき人間的資質《ししつ》として、「四徳《しとく》」と「四恩《しおん》」を教えられています（「四徳《しとく》」とは①父母への孝行《こうこう》②主君への忠義《ちゅうぎ》③友への礼儀《れいぎ》④自分より劣《おと》る者への慈悲《じひ》、「四恩《しおん》」とは①父母の恩《おん》②国主の恩《おん》③一切衆生《いっさいしゅじょう》の恩《おん》④三宝《さんぽう》の恩《おん》）。

ここでは親孝行《おやこうこう》に絞《しぼ》って紹介《しょうかい》しますが、それは、かんで含《ふく》めるように具体的《ぐたいてき》です。「親に良《よ》いものを差《さ》し上《あ》げようと思って、とりたてて何もない時は、一日に二度、三度、笑《え》みを浮《う》かべて接《せっ》していきなさい」（1527ページ、通解）と。

また、諸経典《しょきょうてん》の中で唯一《ゆいいつ》、女人成仏《にょにんじょうぶつ》を説《と》き切っている法華経こそが、母の恩《おん》に報《むく》いることを可能《かのう》にする経典《きょうてん》であると教えられ、こう仰《おお》せです。「法華経を持《たも》つ人は、父と母との恩《おん》を報《ほう》ずることができるのである。自分の心では、報《ほう》じていると思っていなくても、法華経の力《ちから》によって、父母に報《ほう》じているのである」（1528ページ、通解）

池田先生は、この御書の講義《こうぎ》の中で「親孝行《おやこうこう》は、万人に開《ひら》かれゆく仏法の慈悲《じひ》の行動の第一歩です」（『勝利の経典「御書」に学ぶ』第11巻）と言われています。仏道修行《ぶつどうしゅぎょう》は、今、この足元から実践《じっせん》できる。父母という一番身近で大切な存在《そんざい》を通して、いかに人間として成長《せいちょう》し、人生を切り開くことができるか、それを仏法は教えているのです。

この時、大聖人は御年54歳。お手紙を拝《はい》した時光《ときみつ》は、大聖人が年齢《ねんれい》や立場を超《こ》えて、一個の人格《じんかく》として自分の成長《せいちょう》を心から願《ねが》ってくださることに、どれほど感激《かんげき》したことか。感受性《かんじゅせい》が豊《ゆた》かな17歳の心は、大聖人のお人柄《ひとがら》、そして大聖人が説《と》かれた仏法の教えの確《たし》かさを、鋭《するど》く感じ取ったことでしょう。

さらには、兄弟子《あにでし》のように見守り続けてくれる青年・日興上人《にっこうしょうにん》の存在《そんざい》が、いかに心強かったことか。

どこまでも、「一人」の可能性《かのうせい》を信じ育《はぐく》む。この心は、未来部・青年部育成《いくせい》の心として、今日《こんにち》まで世界中の同志《どうし》に受《う》け継《つ》がれています。

日興上人《にっこうしょうにん》のもと同志《どうし》が団結《だんけつ》

かつて池田先生は、未来部の友に指針《ししん》を贈《おく》られました。

「未来に羽ばたく使命を自覚《じかく》するとき、才能《さいのう》の芽《め》は、急速に伸《の》びることができる」

幾重《いくえ》にも重大な使命を抱《いだ》き、時光《ときみつ》は、ますます信行《しんぎょう》に励《はげ》みます。

そして、身延《みのぶ》の大聖人のもとへ御供養《ごくよう》申し上げ、至誠《しせい》を尽《つ》くしてきたのでした。時《とき》光《みつ》が大聖人から頂《いただ》いた御書は、実に30編を超《こ》えますが、そのほとんどに御供養《ごくよう》へのお礼が認《したた》められています。

建治《けんじ》2年(1276年)3月の時光宛《ときみつあて》のお手紙によれば、時光《ときみつ》が、橘三郎《きっさぶろう》、太郎大夫《たろうのたいふ》という同志《どうし》と協力《きょうりょく》し、御供養《ごくよう》をお送りしています。そこには、こう記《しる》されています。「芋《いも》の頭《かしら》、河海苔《かわのり》、それに山葵《わさび》といった品々をお送りくださり、人々の厚《あつ》いお志《こころざし》、確《たし》かに承《うけたまわ》りました。あなた方の御供養《ごくよう》は、ちょうど親鳥が卵《たまご》を温め、親牛が子牛をなめるようなものである」(1530ページ、通解)

大聖人御自身を「卵《たまご》」「子牛」に、時光《ときみつ》たちを「親鳥」「親牛」に、それぞれ当てはめられ、弟子の真心を最大に称《たた》えられているのです。この仰《おお》せを拝《はい》した時光《ときみつ》たちの感動の大きさは、計《はか》り知れません。

お手紙の文末《ぶんまつ》には「橘三郎殿《きっさぶろうどの》、太郎大夫殿《たろうのたいふどの》にも、この一紙《いっし》で申し上げることとなり恐《おそ》れ入《い》ります。返す返す伯耆殿《ほうきどの》(=日興上人《にっこうしょうにん》)から読んで聞かせていただきたい」(同ページ、通解)と記《しる》され、こまやかな指示《しじ》をされています。

別《べつ》の御書では「ねんごろの御心《おんこころ》ざしは・しなじな《品品》のものに・あらはれ候《そうら》いぬ」(1

529ジ《ペー》）と仰《おお》せです。師《し》を支《ささ》えようという弟子の真心が、広宣流布の団結《だんけつ》をつくっていったのです。

熱原《あつはら》の法難《ほうなん》の本質《ほんしつ》とは？

池田先生は、広布後継《こうけい》を担《にな》い立つ青年部に、「難《むずか》しい時代であり、いろいろと大変だろうけれども、悩《なや》み、苦《くる》しんで、創《つく》ったものが、全部、自分自身の本物《ほんもの》の力《ちから》になる。永遠《えいえん》の福運《ふくうん》になる」と呼《よ》び掛《か》けられました（2014年8月1日付聖教新聞、青年部最高協議会でのメッセージ）。

自身の重大《じゅうだい》な使命《しめい》を覚悟《かくご》するがゆえ、一切《いっさい》の労苦《ろうく》を創造《そうぞう》の源泉《げんせん》に——。約750年前の熱原《あつはら》の法難《ほうなん》にあってもまた、青年・南条時光《なんじょうときみつ》の胸《むね》に、この誇《ほこ》りが赤々《あかあか》と燃《も》えていたことでしょう。

熱原《あつはら》の法難《ほうなん》は、弘安《こうあん》2年（1279年）を頂点《ちょうてん》にして駿河国《するがのくに》富士《ふじ》下方熱原郷《しもかたあつはらごう》（静岡県富士市厚原《あつはら》）で起《お》こった、日蓮門下《もんか》への弾圧事件《だんあつじけん》です。

この法難《ほうなん》について、池田先生は「大聖人の法難《ほうなん》と同じく、受身《うけみ》の法難《ほうなん》ではありません。その本質《ほんしつ》を正しくとらえるためには、まず、一人の真正《しんせい》の弟子《でし》・日興上人《にっこうしょうにん》が立ち上がられたところに出発点《しゅっぱつてん》があったと見るべきです」（『御書の世界』、『池田大作全集』第33巻所収）と講義《こうぎ》されています。

このご指導《しどう》をもとに、法難《ほうなん》の背景《はいけい》や経過《けいか》を確認《かくにん》しながら、時光《ときみつ》の置《お》かれていた状況《じょうきょう》を立体的《りったいてき》に把握《はあく》していくことにしましょう。

*

すでに触《ふ》れましたが、日蓮大聖人の身延入山《みのぶにゅうざん》（文永11年＝1274年5月）以降《いこう》、日興上人《にっこうしょうにん》は駿河国《するがのくに》の富士方面《ふじほうめん》で、御自身の血縁《けつえん》、地縁《ちえん》を頼《たよ》りに、身近《みぢか》なところから折伏《しゃくぶく》・弘教《ぐきょう》の波《なみ》をつくっていかれました。

日興上人《にっこうしょうにん》が幼少《ようしょう》から学び所属《しょぞく》していた四十九院《しじゅうくいん》（駿河国蒲原荘中之郷《するがのくにかんばらのしょうなかのごう》＝静岡市清水区東部および富士市中之郷《なかのごう》周辺）をはじめ、実相寺《じっそうじ》（賀島荘岩本郷《かじまのしょういわもとごう》＝富士市岩本《いわもと》）、滝泉寺《りゅうせんじ》（熱原郷《あつはらごう》）といった天台宗《てんだいしゅう》の有力寺院《ゆうりょくじいん》では、僧侶《そうりょ》や信徒《しんと》が、次々と正法に帰依《きえ》していきます。

滝泉寺《りゅうせんじ》では、下野房日秀《しもつけぼうにっしゅう》、越後房日弁《えちごぼうにちべん》、少輔房日禅《しょうぼうにちぜん》らが弟子《でし》となり、教勢拡大《きょうせいかくだい》の一翼《いちよく》を担《にな》っていきます。

こうした戦《たたか》いを陰《いん》に陽《よう》に支《ささ》えたのが、南条家《なんじょうけ》でした。時光《ときみつ》は日興上人《にっこうしょうにん》と行動を共《とも》にし、縁《えん》する人々を妙法に導《みちび》いていきました。

背景① 民衆《みんしゅう》の覚醒《かくせい》

さて、法難《ほうなん》の背景《はいけい》として、まず着目《ちゃくもく》したいのが、権力《けんりょく》をかさに着《き》た似非《えせ》宗教者の横暴《おうぼう》です。

実相寺《じっそうじ》では、すでに文永《ぶんえい》5年(1268年)に院主《いんじゅ》(住職《じゅうしょく》)の悪事《あくじ》が、日興上人《にっこうしょうにん》や住僧《じゅうそう》から告発《こくはつ》され、解任《かいにん》を要求《ようきゅう》されています。その悪事《あくじ》とは、仏事《ぶつじ》の時に酒宴《しゅえん》を行《おこな》う、寺中《じちゅう》の桜《さくら》を切《き》る、使用人《しようにん》をせっかんし責《せ》め殺《ころ》すなど、およそ聖職者《せいしょくしゃ》の所業《しょぎょう》とは言えないものでした。

滝泉寺《りゅうせんじ》では、院主代《いんじゅだい》(住職代理《じゅうしょくだいり》)の行智《ぎょうち》が、農民をこき使って寺院《じいん》の財産《ざいさん》を私物化《しぶつか》しており、その乱行《らんぎょう》は、後に日秀《にっしゅう》らから訴《うった》えられます（853ページ参照）。こうした悪僧《あくそう》らは、得宗《とくそう》（北条氏《ほうじょうし》の家督《かとく》）[1]関係者と癒着《ゆちゃく》した〝雇《やと》われ住職〟だったと言われています。

信仰心《しんこうしん》を失《うしな》った聖職者《せいしょくしゃ》が、権力《けんりょく》と結託《けったく》して私欲《しよく》を貪《むさぼ》り、農民を支配《しはい》の道具にする……。日興上人《にっこうしょうにん》は、その惨状《さんじょう》を目《ま》の当《あ》たりにされ、民衆《みんしゅう》に同苦《どうく》されてきたと拝《はい》されます。

その民衆《みんしゅう》が、続々《ぞくぞく》と入信し、題目によって蘇生《そせい》していきます。つまり、駿河《するが》における日蓮門下《もんか》の折伏《しゃくぶく》は、虐《しいた》げられた者の側《がわ》に立つ、破邪顕正《はじゃけんせい》の闘争《とうそう》という面《めん》もあったのです。

1　北条氏《ほうじょうし》は鎌倉幕府《かまくらばくふ》の将軍《しょうぐん》に仕《つか》える御家人《ごけにん》の一員《いちいん》であるが、時政以降《ときまさいこう》、北条氏家督《ほうじょうしかとく》（得宗《とくそう》）が執権《しっけん》として代々幕府《だいだいばくふ》の実権《じっけん》を握《にぎ》った。これに伴《ともな》い、他の御家人《ごけにん》が得宗《とくそう》の家臣《かしん》（得宗被官《とくそうひかん》）となることで幕府内《ばくふない》で地位を得《え》ていくが、平左衛門尉頼綱《へいのさえもんのじょうよりつな》一族はその代表といえる。幕府《ばくふ》の運営《うんえい》は、北条時頼《ほうじょうときより》の頃《ころ》から、評定衆《ひょうじょうしゅう》による合《ごう》議制《ぎせい》よりも、寄合《よりあい》と呼《よ》ばれる得宗私邸《とくそうしてい》での密談《みつだん》が重視《じゅうし》され、得宗《とくそう》の専制化《せんせいか》が進《すす》んだ。なお実相寺《じっそうじ》は、北条泰《ほうじょうやす》時《とき》の寄進《きしん》を受《う》けていた。

実際《じっさい》に、どのような人が入信していたのか、日興上人《にっこうしょうにん》が作成《さくせい》された目録《もくろく》（「弟子《でし》分本《ぶんほん》尊目録《ぞんもくろく》」）からうかがい知ることができます。これには、日興上人《にっこうしょうにん》の申《もう》し次《つ》ぎにより大聖人から御自筆《ごじひつ》の御本尊を与《あた》えられた60人余《あま》りの名前が記《しる》されていますが、それは武《ぶ》士《し》、僧侶《そうりょ》、男女を選《えら》びません。後《のち》に「熱原《あつはら》の三烈士《さんれっし》」と称《たた》えられる神四郎《じんしろう》・弥五郎《やごろう》・弥六郎《やろくろう》などの一般《いっぱん》の民衆《みんしゅう》、さらに「百姓《ひゃくしょう》」[2]という記載《きさい》が見て取れます。時光《ときみつ》の従者《じゅうしゃ》も名を連《つら》ねています。

つまり、地位や立場を問《と》わず平等《びょうどう》に、日蓮門下《もんか》が御本尊根本《こんぽん》の信仰《しんこう》に励《はげ》んでいたことがわかるのです。

こうした民衆《みんしゅう》の覚醒《かくせい》に恐《おそ》れを抱《いだ》いたのが、行智《ぎょうち》たちでした。建治《けんじ》年間には日蓮門下《もんか》への圧迫《あっぱく》を強《つよ》めていたことが、御書からうかがえます。

背景② "敵前上陸"の折伏《しゃくぶく》

加《くわ》えて見逃《みのが》せないのが、法難《ほうなん》の舞台《ぶたい》が得宗領《とくそうりょう》（得宗《とくそう》の直轄領《ちょっかつりょう》）であること、また大聖人を執拗《しつよう》に迫害《はくがい》した平左衛門尉頼綱《へいのさえもんのじょうよりつな》の存在《そんざい》です。熱原郷《あつはらごう》を擁《よう》する駿河国《するがのくに》は得宗領《とくそうりょう》が多《おお》く、また当時は得宗《とくそう》の専制化《せんせいか》が加速《かそく》する時期《じき》でした。幾度《いくど》も為政者《いせいしゃ》と対峙《たいじ》してきた日蓮教団《きょうだん》の動向《どうこう》は、得宗《とくそう》関係者も看過《かんか》できなかったことでしょう。

特に富士《ふじ》方面は、大聖人を敵視《てきし》する「後家尼御前《ごけあまごぜん》」（北条重時《ほうじょうしげとき》の娘、時頼《ときより》の妻、時宗《ときむね》の母である女性）たちの影響下《えいきょうか》にあり、念仏者《ねんぶつしゃ》の多い地域《ちいき》でした（本書142ページ、「南条兵衛七郎」を参照）。そのため大聖人は、鎌倉《かまくら》から身延《みのぶ》に入山《にゅうざん》される道中《どうちゅう》、門下《もんか》に弾圧《だんあつ》が及《およ》ぶことを心配《しんぱい》され、時光宅《ときみつたく》や高橋六郎兵衛入道宅《たかはしろくろうひょうえにゅうどうたく》には立《た》ち寄《よ》らずに通《とお》り過《す》ぎたのでした（1461ページ、1510ページ参照）。

そして、得宗《とくそう》の家臣《かしん》（得宗被官《とくそうひかん》）のトップに立っていた人物こそが、頼綱《よりつな》だったのです。

2　百姓《ひゃくしょう》といえば農民という認識《にんしき》が根強《ねづよ》いが、中世《ちゅうせい》日本では漁業《ぎょぎょう》や商業《しょうぎょう》などに従事《じゅうじ》する者も「百姓《ひゃくしょう》」と呼《よ》ばれており、多様《たよう》な生業《せいぎょう》を営《いとな》む、一般の普通の人々を指《さ》す言葉であった。

ここで注目《ちゅうもく》したいのは、頼綱《よりつな》が幕府《ばくふ》で侍所《さむらいどころ》の所司《しょし》を務《つと》めていたことです。侍所《さむらいどころ》とは、御家人《ごけにん》の統制《とうせい》をはじめ、軍事《ぐんじ》・警察《けいさつ》を司《つかさど》る機関《きかん》であり、所司《しょし》とは、その次官《じかん》のことです。長官《ちょうかん》である別当《べっとう》は、執権《しっけん》（当時は北条時宗《ほうじょうときむね》）が兼務《けんむ》します。実務《じつむ》は所司《しょし》が執《と》り行《おこな》うので、頼綱《よりつな》が事実上《じじつじょう》の〝警察トップ〟ということになります。竜《たつ》の口《くち》の法難《ほうなん》において、頼綱《よりつな》がこの権力《けんりょく》を乱用《らんよう》し、大勢《おおぜい》の兵士《へいし》を率《ひき》いて鎌倉《かまくら》の大聖人を捕縛《ほばく》したことは、周知《しゅうち》の事実です。

このように、幕府《ばくふ》における頼綱《よりつな》の権力《けんりょく》は絶大《ぜつだい》でした。駿河《するが》においても、頼綱《よりつな》が日蓮門下《もんか》に対して、にらみをきかせていたのです。

その中で日蓮門下《もんか》が広宣の旗《はた》を掲《かか》げることは、文字通り〝敵前上陸〟と言えるものでした。しかし、権力者《けんりょくしゃ》を前に長らく屈従《くつじゅう》を強《し》いられてきた庶民《しょみん》の心の中は、その恐怖《きょうふ》よりも、妙法に出あい、自身の崇高《すうこう》な使命《しめい》に目覚《めざ》めた喜《よろこ》びの方《ほう》が、はるかに勝《まさ》っていたのではないでしょうか。

実相寺付近にある岩本山公園から富士市街を望む（静岡県富士市）

魔《ま》の蠢動《しゅんどう》を駆逐《くちく》せよ

唱題の声、民衆蘇生《みんしゅうそせい》の産声《うぶごえ》が、富士の裾野《すその》を包《つつ》んでいました。

建治《けんじ》3年（1277年）ごろには、時光《ときみつ》は駿《する》河《が》の門下《もんか》のリーダーとして、「法華経の行者《ぎょうじゃ》に似《に》ていらっしゃる」（1539ページ、通解）と周囲《しゅうい》から言われるまでに成長していました。

それがおもしろくなかったのでしょう。信心をやめさせようとして、あれこれと意見をする者《もの》がいることを、同年5月、時光《ときみつ》は大聖人に報告《ほうこく》しました。

その御返事《ごへんじ》で大聖人は、時光《ときみつ》が置《お》かれている状況《じょうきょう》を推《お》し量《はか》られています。「思いのほかに、親《した》しい人も疎遠《そえん》な人も『日蓮房を信じては、さぞかし苦労《くろう》するであろう。主君《しゅくん》のご機嫌《きげん》も良《よ》くないであろう』と、さも味方《みかた》であるかのように忠告《ちゅうこく》する」（1539ページ、通解）と。

これが、魔《ま》の行動パターンです。続《つづ》けて大聖人は「大魔《だいま》に付《つ》け入《い》られた者《もの》たちは、一人を説《と》き落《お》として退転《たいてん》させ、それをきっかけにして、多くの人を責《せ》め落《お》とすのである」（同ページ、通解）と示《しめ》されています。

その具体例《ぐたいれい》として、少輔房《しょうぼう》（日禅《にちぜん》とは別人）、能登房《のとぼう》、名越《なごえ》の尼《あま》をあげられます。そして、こうした退転者《たいてんしゃ》の生命《せいめい》の傾向性《けいこうせい》を「欲《よく》が深《ふか》く、心が臆病《おくびょう》であり、愚《おろ》かで仏法の道理《どうり》に暗《くら》く、にもかかわらず自分が智者《ちしゃ》だと名乗《なの》っている」（同ページ、通解）と教えられています。

さらに、味方《みかた》を装《よそお》って退転《たいてん》させようとする輩《やから》には、こう切り返すよう御指導《ごしどう》されています。「相手《あいて》に十分《じゅうぶん》に言わせておいて、『大勢《おおぜい》に聞こえる所《ところ》で人を教訓《きょうくん》されるのも結構《けっこう》ですが、それより、御自身を教訓《きょうくん》されてはいかがですか？』と毅然《きぜん》と言い切って、席《せき》を立たれるがよい」（1540ジペー、通解）と。

広布の旅路《たびじ》にあって、魔《ま》の蠢動《しゅんどう》は避《さ》けられません。ましてや時光《ときみつ》は、そのいばらの道を開《ひら》く後継《こうけい》の要《かなめ》です。だからこそ、退転者《たいてんしゃ》の本質《ほんしつ》、怨嫉《おんしつ》や批判《ひはん》の構図《こうず》を一つ一つ示《しめ》され、それらを堂々《どうどう》と駆逐《くちく》していくよう教えられたと拝《はい》されます。このお手紙は「一《いち》両日《りょうじつ》のうちに、こちらに報告《ほうこく》しなさい」（同ジペー、通解）と結《むす》ばれ、時光《ときみつ》の意志《いし》を確認《かくにん》されています。

「水の信心」を称賛《しょうさん》

建治《けんじ》4年（1278年）2月には、大聖人は、時光《ときみつ》の信心の姿勢《しせい》を水に譬《たと》えて称《たた》えられています。

「今の時、法華経を信ずる人に、火のように信ずる人もいて、また水の流れるように信ずる人もいる。火のように信ずる人は、法門《ほうもん》を聴聞《ちょうもん》する時は燃《も》え立つように思うけれども、時がたつにつれて、捨《す》てる心を起《お》こしてしまう。……あなたは、いかなる時も常《つね》に退《たい》することなく、日蓮を訪《たず》ねられるのであるから、水の流れるように信じていらっしゃるのであろう」（1544ジペー、通解）

これは、20歳の若《わか》き時光《ときみつ》に対《たい》するお言葉です。これまでの時光《ときみつ》の求道《きゅうどう》の歩《あゆ》みを考え合わせると、「水の信心」といっても、平穏《へいおん》に入信年月を重《かさ》ねるということではなく、障魔《しょうま》を打《う》ち破《やぶ》り不退《ふたい》を貫《つらぬ》く、その実践《じっせん》の中にあるといえるでしょう。

「従藍而青《じゅうらんにしょう》」の丈夫《ますらお》

時は建治《けんじ》から弘安《こうあん》年間へ。日本中の人々の心は、揺《ゆ》れに揺《ゆ》れ動いていました。蒙古《もうこ》（モンゴル帝国）による文永《ぶんえい》の役《えき》（1274年）以来、人々は亡国《ぼうこく》の憂《うれ》いも深《ふか》く、「羊《ひつじ》が虎《とら》の声《こえ》を聞く」（1565ジペー、通解）ように、再襲来《さいしゅうらい》に怯《おび》えていました。

さらに、建治《けんじ》3年（1277年）から弘安《こうあん》2年（1279年）まで足かけ3年の間《あいだ》に、日本中に疫病《えきびょう》が大流行《だいりゅうこう》し、それは「人口《じんこう》の半分《はんぶん》ぐらいの人々が亡《な》くなってしまった」（1554ジペー、通解）と慨嘆《がいたん》されるほどでした。

人の心も国土《こくど》も荒《あ》れ、すさんでいく中、南条家《なんじょうけ》は大聖人の貧《まず》しい御生活《ごせいかつ》を思い、まっすぐな心で御供養《ごくよう》を続《つづ》けていました。弘安《こうあん》2年の正月にも「餅《もち》九十枚・薯蕷《やまのいも》五十本」（1554ページ）をお届《とど》けしています。

そのお礼《れい》のお手紙で、大聖人は、時光《ときみつ》の亡《な》き父・兵衛七郎《ひょうえしちろう》を偲《しの》ばれ、周囲から「情《なさ》けに厚《あつ》い人」と言われた父の優《すぐ》れた素質《そしつ》を時光《ときみつ》が受《う》け継《つ》いだのだろうと仰《おお》せです。そして、父以上に成長した様子《ようす》を「あい《藍》よりもあを《青》く」（同ページ）と喜《よろこ》ばれています。「従藍而青《じゅうらんにしょう》（藍従《あいよ》りして而《しか》も青《あお》し）」の譬《たと》えです。

この譬《たと》えは、時光《ときみつ》の母・上野尼御前《うえのあまごぜん》にも、兵衛七郎《ひょうえしちろう》が亡《な》くなった直後《ちょくご》に引かれ、夫から受《う》け継《つ》いだ信心を退転《たいてん》なく深《ふか》めていくよう指導《しどう》されていました（1505ページ参照）。

従藍而青《じゅうらんにしょう》の思いで母が支《ささ》えてきた21歳の時光《ときみつ》は、父を亡《な》くして14年がたった今、師匠《ししょう》から〝父を超えた〟と言われるまでになりました。それは、時光《ときみつ》がもはや先人《せんじん》に続《つづ》くだけの存在《そんざい》ではなく、どこまでも自《みずか》らの汗《あせ》と労苦《ろうく》で広布の新時代を切《き》り開《ひら》く、弟子《でし》の覚悟《かくご》と行動を大聖人が感じ取られたからだと拝《はい》されます。

この若《わか》き丈夫《ますらお》の真価《しんか》は、弾圧《だんあつ》が激化《げきか》する中で、いよいよ発揮《はっき》されていくのです。

露骨《ろこつ》な弾圧《だんあつ》の魔手《ましゅ》

熱原《あつはら》の法難《ほうなん》は、いよいよ頂点《ちょうてん》にさしかかります。その様相《ようそう》は、同志の裏切《うらぎ》り、退転《たいてん》者《しゃ》の陰謀《いんぼう》、権力《けんりょく》による脅迫《きょうはく》、そして弟子の殺害《さつがい》……。まさしく、三類《さんるい》の強敵《ごうてき》が噴出《ふんしゅつ》するというものでした。

南条時光《なんじょうときみつ》をはじめ日蓮門下《もんか》は、どのようにして、この難局《なんきょく》に立ち向かったのでしょうか。

滝泉寺《りゅうせんじ》（富士下方熱原郷《しもかたあつはらごう》＝富士市厚原《あつはら》）の院主代《いんじゅだい》・行智《ぎょうち》らによる弾圧《だんあつ》は、露骨《ろこつ》になっていきます。

建治《けんじ》2年（1276年）ごろ、下野房日秀《しもつけぼうにっしゅう》・越後房日弁《えちごぼうにちべん》・少輔房日禅《しょうぼうにちぜん》たちは、「法華経を捨《す》てて念仏《ねんぶつ》を唱えるとの起請文《きしょうもん》（誓約書《せいやくしょ》）を書け。そうすれば居所《いどころ》を保障《ほしょう》してやろう」と、行智《ぎょうち》から迫《せま》られます。その中で、三河房頼円《みかわぼうらいえん》という弟子が、脅迫《きょうはく》に屈《くっ》してしまいました。

対して日秀《にっしゅう》・日弁《にちべん》・日禅《にちぜん》は、行智《ぎょうち》の要求《ようきゅう》を拒否《きょひ》。日禅《にちぜん》は住坊《じゅうぼう》を奪《うば》われ、寺から退《しりぞ》きます。日秀《にっしゅう》・日弁《にちべん》は、他に頼《たよ》るものがないにもかかわらず、職《しょく》を奪《うば》われ、住坊《じゅうぼう》を失《うしな》いました。それでも二人は、仲間の助けを得《え》て寺内に身をひそめ、弘教《ぐきょう》を続けました。

弘安《こうあん》元年（1278年）春、四十九院《しじゅうくいん》（駿河国蒲原荘中之郷《するがのくにかんばらのしょうなかのごう》＝静岡市清水区東部および富士市中之郷《なかのごう》周辺）では、寺務《じむ》を司《つかさど》っていた厳誉《ごんよ》という僧《そう》が、日興上人《にっこうしょうにん》たちを寺から追放します。日興上人《にっこうしょうにん》たち4人は、その不当性《ふとうせい》を幕府《ばくふ》に訴《うった》え、厳誉《ごんよ》との公場対決《こうじょうたいけつ》を要求しています（四十九院申状《しじゅうくいんもうしじょう》、848ページ参照）。

熱原《あつはら》の農民のリーダー格であった神四郎《じんしろう》・弥五郎《やごろう》・弥六郎《やろくろう》の3人（三烈士《さんれっし》）が入信するのは、この弘安《こうあん》元年と言われています。

翌《よく》・弘安《こうあん》2年（1279年）になると、行智一派《ぎょうちいっぱ》は、農民《のうみん》など立場の弱い者たちに対し、命《いのち》に及《およ》ぶような危害《きがい》を加えていきます。

4月、浅間《せんげん》神社の神事《しんじ》の最中に門下《もんか》が刀《かたな》で切りつけられ、傷《きず》を負《お》います。8月には、別の門下《もんか》が首を切られるのです。これらは、行智《ぎょうち》が富士下方《しもかた》の政所《まんどころ》の代官《だいかん》と結託《けったく》して実行したものです。宗教者が世俗権力《せぞくけんりょく》を使って法華経の行者《ぎょうじゃ》を亡《な》きものにしようとするという、三類《さんるい》の強敵《ごうてき》の姿《すがた》そのものと言ってよいでしょう。

よみがえる父の姿《すがた》

日蓮大聖人は以前、時光《ときみつ》に、亡《な》き父・兵衛七郎《ひょうえしちろう》に触《ふ》れられ、仰《おお》せになっていました。

「あなたが大事と思っている人たちが信心を制止《せいし》し、大きな難《なん》が来るであろう。その時、まさに諸天《しょてん》の加護《かご》が叶《かな》うにちがいないと確信して、いよいよ強盛《ごうじょう》に信じていきなさい。そうすれば、亡《な》き父上は仏《ほとけ》になられるであろう。父上が仏《ほとけ》になられたならば、来られて、あなたを必ず守るであろう」（1512ジ、通解）

ここでは、追善回向《ついぜんえこう》の法理《ほうり》、父子一体の成仏《じょうぶつ》を教えられています。続いて大聖人は「その時、一切は心のままになるでありましょう。くれぐれも、人の制止《せいし》があったならば、心の中で、うれしく思いなさい」（同ジ、通解）と教えられています。

弾圧《だんあつ》が激化《げきか》する中にあって、時光《ときみつ》は最期《さいご》まで謗法《ほうぼう》と戦った父を思い返しつつ、難即《なんそく》成仏《じょうぶつ》の大道の教えを思い出したことでしょう。その心中は、いかほどであったでしょうか。

永遠の輝《かがや》きを放つ三烈士《さんれっし》

行智《ぎょうち》は、さらなる奸計《かんけい》をめぐらします。彼は「9月21日、日秀《にっしゅう》らが大勢《おおぜい》の人を集めて弓矢で武装《ぶそう》し、院主分《いんじゅぶん》の坊内に乱入《らんにゅう》し、農作物を盗み取った」（852ジペー、趣意）という、嘘《うそ》の訴状《そじょう》を作り、「刈田狼藉《かりたろうぜき》」の罪《つみ》をでっち上げたのです。

三烈士《さんれっし》をはじめとする熱原《あつはら》の農民門下《もんか》20人は、不当《ふとう》に捕《と》らえられ、鎌倉《かまくら》へ連行されます。

これに対し、日興上人《にっこうしょうにん》は鎌倉《かまくら》へ向かい、同志とともに電光石火で応戦《おうせん》されます。身延《みのぶ》の大聖人と連携《れんけい》を取りながら、富木常忍《ときじょうにん》と協力して、日秀《にっしゅう》・日弁《にちべん》らのために弁明書《べんめいしょ》「滝泉寺申状《りゅうせんじもうしじょう》」（849ジペー）を作成。裁判闘争《さいばんとうそう》に臨《のぞ》まれました（本書58ジペー、「富木常忍」を参照）。四条金吾《しじょうきんご》は、鎌倉《かまくら》に勾留《こうりゅう》されている熱原《あつはら》の農民の世話役を担《にな》っていたと推測《すいそく》されます（１１９１ジペー参照）。

＊

10月15日、鎌倉《かまくら》に勾留《こうりゅう》されている農民門下《もんか》20人は、平左衛門尉頼綱《へいのさえもんのじょうよりつな》のもとで尋問《じんもん》を受けます。頼綱《よりつな》は行智《ぎょうち》と結託《けったく》していたのです。

それは、もはや拷問《ごうもん》と言うべきものでした。

頼綱《よりつな》は、次男の助宗《すけむね》（資宗《すけむね》とも。後に飯沼判官《いいぬまはんがん》と称《しょう》しました）に、蟇目《ひきめ》という、射《い》ると音が響《ひび》く矢で農民たちをさんざんに射《い》させました。そして何度も何度も、「法華経を捨てて、念仏《ねんぶつ》を唱えよ！」と迫《せま》ったのです。

しかし彼らは、誰一人として、微動《びどう》だにしませんでした。それどころか、南無妙法蓮華経、南無妙法蓮華経と、題目を唱え始めたのです。

このことを伝え聞かれた大聖人は、「偏《ひとえ》に只事《ただごと》に非《あら》ず」（１４５５ジペー）と仰《おお》せになり、この農民門下《もんか》たちを「法華経《ほけきょう》の行者《ぎょうじゃ》」（同ジペー）と称《たた》えられています。

日蓮門下《もんか》が総力《そうりょく》をあげて法難《ほうなん》に立ち向かうも、神四郎《じんしろう》・弥《や》五郎《ごろう》・弥《や》六郎《ろくろう》の３人は、斬首《ざんしゅ》に処《しょ》されます。[3] 残りの17人は、禁獄《きんごく》の上、追放処分《しょぶん》となりました。

彼らは、入信してわずか1年ほど。今日《こんにち》でいえば〝新入会の友〟とも言えます。そうした三烈士《さんれっし》が殉教《じゅんきょう》した事実は、信仰の真髄《しんずい》が信心歴や立場とはまったく関係ないことを物語って余《あま》りあります。

池田先生は、次のように洞察《どうさつ》されています。

「いかに驕《おご》り高ぶる巨大な権力《けんりょく》をもってしても、一人の農民の信仰《しんこう》を動かすことはできなかった。この事実こそ熱原《あつはら》の法難《ほうなん》の核心《かくしん》であり、真髄《しんずい》です。

3　斬首《ざんしゅ》の日について、堀日亨上人《ほりにちこうしょうにん》は弘安《こうあん》3年（1280年）4月8日説を取る。その理由としては、日興《にっこう》上人《しょうにん》が徳治《とくじ》3年（1308年）4月8日付で書写された御本尊の脇書《わきがき》には、三烈士《さんれっし》の処刑《しょけい》から14年を経て平《へいの》左衛門尉頼綱《さえもんのじょうよりつな》が誅殺《ちゅうさつ》されたと記されており、頼綱《よりつな》の死が永仁《えいにん》元年（1293年）であるから、さかのぼると弘安《こうあん》3年に当たるとし、4月8日を命日と推定《すいてい》する。これに対して、「聖人等御返事《しょうにんとうごへんじ》」の「彼等《かれら》御勘気《ごかんき》を蒙《こうむ》るの時《とき》」（1455ページ）を処刑《しょけい》ととらえることで、弘安《こうあん》2年（1279年）10月15日の尋問《じんもん》の際《さい》に三烈士《さんれっし》が処刑《しょけい》されたと推定《すいてい》する説《せつ》もある。

3人の農民門下《もんか》に対する横暴《おうぼう》な処刑《しょけい》は、結局、権力者《けんりょくしゃ》の精神《せいしん》の敗北《はいぼく》の象徴《しょうちょう》です。反対に、いかなる権力《けんりょく》の迫害《はくがい》にも屈《くっ》しなかった庶民《しょみん》の門下《もんか》の信仰の強靱《きょうじん》さ、輝《かがや》かしさは、それまでの日本の宗教史・民衆史に前例がないと言えるでしょう。否《いな》、今日《こんにち》の人権闘争《じんけんとうそう》の先駆《せんく》と言っても過言《かごん》ではない永遠の精神《せいしん》の輝《かがや》きを放っている」(『御書の世界』、『池田大作全集』第33巻所収)

私たちの信仰が、この偉大な民衆が命を賭《と》して勝ち取った事実の上にあることは、言うまでもありません。

「出世《しゅっせ》の本懐《ほんかい》」を遂《と》げられる

熱原《あつはら》の門下《もんか》が鎌倉《かまくら》に勾留《こうりゅう》されていた10月1日、大聖人は「聖人御難事《しょうにんごなんじ》」(1189ページ)を認《したた》められました。そして、このお手紙を、大難《だいなん》と戦《たたか》う弟子たちに送られ、四条《しじょう》金吾《きんご》のもとに留《とど》め置くよう指示されました。

ここで重大な点は、冒頭《ぼうとう》で大聖人が、立宗《りっしゅう》以来「二十七年」目にして、御自身の

「出世《しゅっせ》の本懐《ほんかい》」（この世に出現《しゅつげん》した究極《きゅうきょく》の目的）を遂《と》げられたと仰《おお》せになったことです。

大聖人の出世《しゅっせ》の本懐《ほんかい》とは、万人成仏《ばんにんじょうぶつ》を実現《げん》する根本の法を説《と》き現《あらわ》し、末法《まっぽう》における凡夫成仏《ぼんぷじょうぶつ》の道を確立《かくりつ》されたことであったと言えます。その上で、不惜《ふしゃく》の農民門下《もんか》が出《しゅつ》現《げん》したのです。そこに「二十七年」目の意義があります。

池田先生は講義されています。

「無名《むめい》の庶民《しょみん》である熱原《あつはら》の農民門下《もんか》は、正《しょう》法《ほう》の信仰ゆえに大難《だいなん》を受け、三世永遠《さんぜえいえん》の魂《たましい》の自由を勝ち取る戦いをしました。法華経の精髄《せいずい》である三大秘法《さんだいひほう》の南無妙法蓮華経を受持《じゅじ》し、御本仏《ごほんぶつ》と共《とも》に戦う偉大《いだい》な民衆が遂《つい》に登場したのです。まさに民衆仏法の基盤《きばん》が確立《かくりつ》しました。ここにこそ、大聖人の出《しゅっ》

熱原周辺

世《せ》の本懐《ほんかい》の成就《じょうじゅ》があるのです」（２０１５年10月号「大白蓮華」、「世界を照らす太陽の仏法」）と。

まさしく、弟子が自《みずか》ら起こした戦《たたか》いが契機《けいき》となって、大聖人は御自身の出世《しゅっせ》の本懐《ほんかい》を達成《たっせい》されたのです。

本抄の後半で大聖人は、立宗《りっしゅう》以来27年の忍難弘通《にんなんぐつう》の闘争《とうそう》を通し、弟子たちに「師子《しし》王《おう》の心《こころ》」（１１９０㌻）を取り出《いだ》して迫害《はくがい》に立ち向かうよう、覚悟《かくご》を促《うなが》されています。

「あつ《熱》わら《原》の事の・ありがたさ」

熱原《あつはら》の法難《ほうなん》に際《さい》し、時光《ときみつ》は決死の覚悟《かくご》で大聖人門下《もんか》を守りました。その具体的な様子は分かっていませんが、弾圧《だんあつ》を受けている人たちをかくまい、あるいは物心《ぶっしん》ともに支え励《はげ》ますなどして、迫害《はくがい》から同志を陰《いん》に陽《よう》に外護《げご》したものと思われます。

時光《ときみつ》は、弘安《こうあん》２年（１２７９年）11月に大聖人から、次のような御指導を頂《いただ》いています。「願《ねが》わくは、我《わ》が弟子たちよ、大願《だいがん》を起こしなさい。……いずれにしても、死は必ず訪《おとず》れることなのである。その時の嘆《なげ》きは、現在の（法華経ゆえの大難《だいなん》を受けている）苦しみと同じようなものである。同じく死ぬのであれば、かりにも法華経のために命を捨てなさい。露《つゆ》を大海《たいかい》に入れ、塵《ちり》を大地に埋《う》めるようなものである」（1561ページ、通解）

障魔《しょうま》との命懸《いのちが》けの戦いにこそ、師弟不二《していふに》の大願《だいがん》が脈《みゃく》打ち、仏の大境涯《だいきょうがい》に連《つら》なることができると教えられていると拝《はい》されます。追伸《ついしん》では「此《こ》れはあつわら《熱原》の事《こと》の・ありがたさに申《もう》す御返事《ごへんじ》なり」（同ページ）と仰《おお》せになり、お手紙をしめくくられています。

この御文について、池田先生は講義の中で、二つの拝《はい》し方を挙《あ》げられています（『希望の経典「御書」に学ぶ』第2巻）。

すなわち、一つには、法難《ほうなん》における時光《ときみつ》の活躍をたたえ、辛労《しんろう》を労《ねぎら》うために本抄《ほんしょう》を認《したた》めたとの仰《おお》せである、ということです。

もう一つの解釈《かいしゃく》は、「あつわら《熱原》の事《こと》の・ありがたさ」とは、熱原《あつはら》の民衆が大聖人と同じ不惜身命《ふしゃくしんみょう》の信心を、今、現に起こしていることが不思議なことであり、ありえないことであると、大聖人が感銘《かんめい》し、賛嘆《さんたん》されているということです。つまり、深い信心を熱原《あつはら》の門下《もんか》が起こしたことに応《おう》ずる御返事として、時光《ときみつ》を代表にして送られたのが、このお手紙である、と拝《はい》することもできます。

厳護《げんご》の功績称《こうせきたた》え「上野賢人《うえのけんじん》」と

こうした奮闘《ふんとう》を称《たた》え、大聖人は、先のお手紙の末尾《まつび》に「上野賢人殿御返事《うえのけんじんどのごへんじ》」（1561ページ）と認《したた》められたのです。

「上野賢人《うえのけんじん》」との御真筆《ごしんぴつ》について、戸田先生、池田先生と協力して御書全集を編纂《へんさん》した堀日亨上人《ほりにちこうしょうにん》は、次のように拝察《はいさつ》しています。

「（大聖人は）『上野殿《うえのどの》』の宛名《あてな》でよいのを『上野聖人殿《うえのしょうにんどの》』と書かれたが、ただちに思い返され『聖人《しょうにん》』の宛名《あてな》はあまりに過分《かぶん》である、もしそれが青年時光《ときみつ》に慢心《まんしん》を起こさすようでは、かえって将来《しょうらい》のためにならぬ。……時光《ときみつ》には過賞《かしょう》であれば『聖』字を『賢』と訂正《ていせい》せられた蹟《あと》が明らかに読みうる」（『富士日興上人詳伝』）と。

いずれにしても、大聖人から賢人《けんじん》の称号《しょうごう》を頂《いただ》いているのは、時光《ときみつ》だけです。

弘安《こうあん》3年（1280年）7月のお手紙では、大聖人は時光《ときみつ》にこう仰《おお》せになりました。

「神主《かんぬし》らを今日まで庇護《ひご》されているのをありがたく思っている。……彼らをそちらに置《お》かれてまずいようなら、しばらくこちら（身延《みのぶ》）に来るように申されたい。妻子《さいし》などはそちらにいても、まさか捜《さが》されるようなことはあるまい。事が鎮《しず》まるまで、そちらに置《お》かれたならばよいように思う」（1564ページ、通解）

ここで示《しめ》された「神主《かんぬし》」とは、日秀《にっしゅう》の教化《きょうけ》によって大聖人門下《もんか》となった新福地《しんふじ》（熱原《あつはら》の浅間《せんげん》神社）

竜の口の法難ゆかりの地に立つ鎌倉国際教学会館（手前右、神奈川県鎌倉市・藤沢市）

の神主《かんぬし》のことです（福地《ふじ》は富士の当て字）。神主《かんぬし》は代官《だいかん》たちから追われていたようで、その家族ともども時光《ときみつ》にかくまわれていたのでした。

このお手紙で大聖人は、「しばらく苦しみが続いたとしても、最後には、必ず楽しい境涯《きょうがい》になるのである。それは、国王のたった一人の太子《たいし》が、必ず王の位《くらい》に就《つ》くようなものである」（1565ジペー、趣意）と時光《ときみつ》を励《はげ》まされています。

その後の南条家《なんじょうけ》の歩みから見てみると、この御聖訓《ごせいくん》が、どれほど時光《ときみつ》の救《すく》いとなったか計り知れません。

息子《むすこ》と弟、喜《よろこ》びと嘆《なげ》き

このお手紙を頂《いただ》く直前の6月15日、時光《ときみつ》は弟の五郎《ごろう》を伴《ともな》い、身延《みのぶ》の大聖人のもとを訪問《ほうもん》しました。

そこで、法難《ほうなん》から同志を守るため、種々《しゅじゅ》御指導を頂《いただ》くとともに、16歳になった五郎《ごろう》を大聖人に紹介《しょうかい》しました。

大聖人は五郎《ごろう》を御覧《ごらん》になり、「ああ、度胸《どきょう》のすわった男だな、すばらしい男だな」（1567ジペー、通解）と喜《よろこ》んでくださいました。

うれしいことは続きます。しばらくして旧暦《きゅうれき》の秋、時光《ときみつ》夫婦に男児が誕生《たんじょう》したのです。

大聖人は8月、この男の子を「日若御前《ひわかごぜん》」（1566ジペー）と名づけてくださいました。

当時、時光《ときみつ》は女児をもうけていましたが、家を継《つ》ぐ男子誕生《たんじょう》に、一家は祝福《しゅくふく》に包《つつ》まれていました。

それからわずか十日後。それは、余《あま》りにも予想外な出来事でした。弟の五郎《ごろう》が、突然、亡《な》くなったのです。兄弟で大聖人をお訪《たず》ねしてから3カ月にも満《み》たない、9月5日のことでした。

訃報《ふほう》を伝え聞かれた大聖人は、南条家《なんじょうけ》からの書状《しょじょう》を開《ひら》くまで、「夢か夢か、幻《まぼろし》か幻《まぼろし》かと疑《うたが》い、嘘《うそ》ではないのかと思った」（同ジペー、通解）と仰《おお》せになられています。

時光《ときみつ》の母・上野尼御前《うえのあまごぜん》は、夫亡《おっとな》き後、陰《かげ》で黙々《もくもく》と一家を支えてきました。孝行息子《こうこうむすこ》の時光《ときみつ》も、この時ばかりは、むせび泣く母に、どうすることもできなかったことでしょう。大聖人は、これ以降、何度も母の嘆《なげ》きに寄《よ》り添《そ》っていかれます（本書152ジペー、「上野尼御前」を参照）。

困窮《こんきゅう》のさなか、赤誠《せきせい》の御供養《ごくよう》

熱原《あつはら》の法難《ほうなん》に際《さい》して、大聖人門下《もんか》をかくまうなど外護《げご》に努《つと》めたために、時光《ときみつ》は幕府《ばくふ》から目をつけられ、さまざまなことにかこつけて弾圧《だんあつ》を受けることになりました。

弘安《こうあん》3年（1280年）12月に大聖人が時光《ときみつ》に宛《あ》てられたお手紙には、こう認《したた》められています。

「（時光《ときみつ》は）わずかな所領《しょりょう》なのに、多くの公事《くじ》（年貢《ねんぐ》以外の雑税《ざつぜい》や労役《ろうえき》）を課《か》せられて、自身には乗る馬もなく、妻子には身につける着物もない」（1575ジペー、通解）と。

平左衛門尉頼綱《へいのさえもんのじょうよりつな》をはじめ敵対者の陰険《いんけん》な画策《かくさく》によるものでしょう。時光《ときみつ》は不当《ふとう》な負《ふ》担《たん》を強《し》いられ、そのために、元来、それほど豊《ゆた》かではなかった南条家《なんじょうけ》の財政《ざいせい》は、破綻《はたん》に瀕《ひん》していたのでした。

しかし、師《し》から薫陶《くんとう》を幾度《いくど》も受けてきた時光《ときみつ》が、動じることはありませんでした。むしろ、こうした窮乏《きゅうぼう》生活の中から、節約し、家計を削《けず》って「鵞目一貫文《がもくいっかんもん》」（＝銭《ぜに》1000枚）を大聖人に御供養《ごくよう》したのです。

この御抄《ごしょう》の冒頭《ぼうとう》には「仏《ほとけ》にたやすくなる道を教えましょう。……旱魃《かんばつ》の時に喉《のど》の乾《かわ》いた者に水を与《あた》え、寒さに凍《こご》えた者に火を与《あた》えるようなものである。また二つとないものを人に与《あた》え、それなくしては自分の命が絶《た》える時に人に供養《くよう》することである」（1574ページ、通解）と仰《おお》せです。

どん底の中で時光《ときみつ》がお届《とど》けした御供養《ごくよう》は、まさしく、自身がなし得《う》る最大限《さいだいげん》の行動でした。それは、すでに成仏《じょうぶつ》の道を歩んでいることになるのです、と大聖人が教えられていると拝《はい》されます。

死魔《しま》、時光《ときみつ》を襲《おそ》う

熱原《あつはら》の法難《ほうなん》をはじめ、幾多《いくた》の試練《しれん》を乗《の》り越《こ》えてきた南条時光《なんじょうときみつ》は、20代半《なか》ばを迎《むか》えました。それから50年にわたり、時光《ときみつ》は日蓮大聖人の御入滅後《ごにゅうめつご》の時代を生きていきますが、その歩みは、詳細《しょうさい》には伝《つた》わっていません。

しかし、令法久住《りょうぼうくじゅう》の軌道《きどう》を切り開かれる日興上人《にっこうしょうにん》の御闘争《ごとうそう》を見ていくと、身《み》に影《かげ》の添《そ》うように時光《ときみつ》の姿《すがた》が浮《う》き彫《ぼ》りになっていきます。

これまで辛労《しんろう》が続いたためでしょうか、弘安《こうあん》5年(1282年)2月、時光《ときみつ》は重い病《やまい》を患《わずら》いました。

大聖人が亡《な》くなられる8カ月前、時光《ときみつ》24歳の時のことです。

当時、大聖人御自身《ごじしん》も体調《たいちょう》を崩《くず》され、筆《ふで》を執《と》るのも困難《こんなん》な状況《じょうきょう》でした。それでも愛《まな》弟子《でし》の病状《びょうじょう》を案《あん》じられ、同月28日、自《みずか》ら筆《ふで》を執《と》られます。日興上人《にっこうしょうにん》が、この「法華証明抄《ほっけしょうみょうしょう》」を携《たずさ》えて、時光《ときみつ》のもとに駆《か》けつけました。

「下伯耆房《くだすほうきぼう》(伯耆房《ほうきぼう》〈=日興上人《にっこうしょうにん》〉に下《くだ》す)」(1587ジペー)と記《しる》されていることから、日興上人《しょうにん》が時光《ときみつ》に直接《ちょくせつ》、読み聞かせたことでしょう。
「（時光《ときみつ》は）誰《だれ》から勧《すす》められたわけでもないのに（大聖人の仏法を）心中《しんちゅう》から信じてきました。そして上も下もあらゆる人々から、信心をやめるように諫《いさ》められたり脅《おど》されたりしましたが、ついにこの信仰《しんこう》を捨《す》てる心はありませんでした。それゆえに、もはや仏《ほとけ》に成《な》ることは間違《まちが》いないと見えたからこそ、天魔《てんま》や外道《げどう》が病《やまい》にさせて脅《おど》そうと試《こころ》みているのでしょう。命《いのち》には限《かぎ》りがあります。少しも驚《おどろ》いてはいけません」（1587ページ、通解）

この仰《おお》せのように、弟子《でし》のこれまでの歩《あゆ》みを、師匠《ししょう》はすべてご存《ぞん》じでした。まさしく時光《ときみつ》の信心が本物だからこそ、それを阻《はば》むべく競《きそ》い起《お》こってきた、陰魔《おんま》であり死魔《しま》であったと思われます。

本抄《ほんしょう》で特筆《とくひつ》すべきは、「法華経《ほけきょう》の行者《ぎょうじゃ》　日蓮《にちれん》　花押《かおう》」（1586ページ）と認《したた》められていることです。この署名《しょめい》は、現存《げんそん》する御書では、この一編にしか見られません。時光《ときみつ》も、すでに「法華経の行者《ぎょうじゃ》に似ていらっしゃる」（1539ページ、通解）と周囲《しゅうい》から言われるまでに成長《せいちょう》していました。本抄《ほんしょう》では、いよいよ、その成仏《じょうぶつ》の姿《すがた》を示《しめ》し切《き》っていきなさい、と大聖人が教えられていると拝《はい》されます。

烈々《れつれつ》たる叱咤《しった》

本抄《ほんしょう》からは、大聖人御自身《ごじしん》が体調《たいちょう》を崩《くず》されていることなど感《かん》じさせないばかりか、他の仰《おお》せにも増《ま》して強い語気《ごき》が伝《つた》わってきます。

「鬼神《きじん》どもよ。この人（＝時光《ときみつ》）を悩《なや》ますとは、剣《つるぎ》を逆《さか》さまに飲むのか！　自《みずか》ら大火《たいか》を抱《いだ》くのか！　三世十方《さんぜじっぽう》の仏《ほとけ》の大怨敵《だいおんてき》となるのか！　まことに恐《おそ》れるべきである。この人の病《やまい》をすぐに治《なお》して、反対《はんたい》に、この人の守《まも》りとなって餓鬼道《がきどう》の大苦《だいく》から免《まぬか》れるべきではないか！　そうでなければ、現世《げんぜ》には『頭《こうべ》が七《なな》つに破《わ》れる』との罪《つみ》を受《う》け、後生《ごしょう》には大無間地獄《だいむけんじごく》に堕《お》ちるであろう。このことを肝《きも》に銘《めい》じよ。日蓮の言葉をいやしむならば、必《かなら》ず後悔《こうかい》するであろう」（1587ジペー、通解）

一人の弟子《でし》を救《すく》おうと、自《みずか》らの命《いのち》を削《けず》るように鬼神《きじん》を叱《しか》り飛《と》ばしておられる御本仏の慈愛《じあい》に、病床《びょうしょう》の時光《ときみつ》は、生命力《せいめいりょく》を呼《よ》び覚《さ》まされる思いがしたにちがいありません。

死魔《しま》は、大聖人の烈々《れつれつ》たる叱咤《しった》により、退散《たいさん》したのです。時光《ときみつ》は更賜寿命《きょうしじゅみょう》を得《え》て、この後、大聖人滅後《めつご》の50年を生き抜いていきます。

大聖人の御入滅《ごにゅうめつ》

大聖人御自身《ごじしん》、長年の苦闘《くとう》が影響《えいきょう》してか、身延入山《みのぶにゅうざん》後《ご》、ずっと体を悪《わる》くされていました。弘安《こうあん》5年に執筆《しっぴつ》され、現在に残っている御書は、先の「法華証明抄《ほっけしょうみょうしょう》」のほか、短《みじか》い数編《すうへん》しかありません。

身延周辺を流れる富士川（山梨県）。御書では「日本第一のはやき河」（９０４㌻）と評されている

弘安《こうあん》5年（1282年）9月8日、大聖人は、弟子たちの勧《すす》めで常陸国《ひたちのくに》（茨城県北部と福島県南東部）へ湯治《とうじ》に行くとして、9年住まわれた身延《みのぶ》（山梨県南巨摩《みなみこま》郡身延《みのぶ》町）を発《た》たれました（1376ページ参照）。

18日に武蔵国《むさしのくに》の池上邸《いけがみてい》（東京都大田区池上《いけがみ》）に到着《とうちゃく》されると、後事《こうじ》について種々《しゅじゅ》定《さだ》められました。25日には、病《やまい》をおして門下《もんか》に「立正安国論《りっしょうあんこくろん》」を講義《こうぎ》されたと伝えられています。翌10月8日には、「本弟子《ほんでし》」として、日興上人《にっこうしょうにん》をはじめ、日持《にちじ》・日頂《にっちょう》・日《に》向《こう》・日朗《にちろう》・日昭《にっしょう》を定《さだ》められました。いわゆる六老僧《ろくろうそう》です。これは、大聖人滅後《めつご》、6人が各地の責任者《せきにんしゃ》となって、同志が団結《だんけつ》していくことを期待《きたい》されてのことと思われます。

そして、池上《いけがみ》に滞在中《たいざいちゅう》の弘安《こうあん》5年10月13日、大聖人は61歳の尊《とうと》き御生涯《ごしょうがい》を終えられたのです。時刻《じこく》は辰《たつ》の刻《こく》、午前8時ごろ。はせ参《さん》じた多くの弟子たちに見守《みまも》られての御入滅《ごにゅうめつ》でした。

大聖人の御葬儀《ごそうぎ》は、翌14日に執《と》り行《おこな》われました。時光《ときみつ》は、花《はな》をまいて供養《くよう》する、散《さん》華《げ》の役《やく》を務《つと》めました。四条金吾《しじょうきんご》が旗《はた》を、富木常忍《ときじょうにん》が香《こう》を持つなど、名《な》だたる弟子が参《さん》列《れっ》しています。

御遺骨《ごいこつ》は池上《いけがみ》から身延《みのぶ》へと運《はこ》ばれました。途中《とちゅう》、時光《ときみつ》の屋敷《やしき》に一宿《いっしゅく》されたという伝承《でんしょう》があります。その折《おり》、南条家《なんじょうけ》の一族《いちぞく》が集《あつ》まり、大聖人への最後のお別《わか》れを申し上げたと思われます。

滅後《めつご》の日蓮教団《きょうだん》

年が明けた弘安《こうあん》6年(1283年)正月、六老僧《ろくろうそう》たちによって大聖人の墓所《ぼしょ》をお守りする当番《とうばん》(墓輪番《はかりんばん》)が、日興上人《にっこうしょうにん》を中心《ちゅうしん》に大聖人の御遺言《ごゆいごん》に基《もと》づいて定《さだ》められました。ところが、ほどなくして、この制度《せいど》は崩《くず》れていきます。五老僧《ごろうそう》たちが墓輪番《はかりんばん》を守らなくなったのです。

日興上人《にっこうしょうにん》は「身延《みのぶ》の沢《さわ》の大聖人の御墓《おんはか》が荒《あ》れ果《は》てて、鹿《しか》の蹄《ひづめ》に荒《あ》らされていることは、目《め》も当《あ》てられないありさまである」(編年体御書1729ジ、通解)と嘆《なげ》かれました。

こうした問題に対処《たいしょ》するため、大聖人の三回忌《さんかいき》に当《あ》たる弘安《こうあん》7年(1284年)までには、日興上人《にっこうしょうにん》は身延山《みのぶさん》に定住《ていじゅう》されています。

そこへ五老僧《ごろうそう》の一人・日向《にこう》が、翌・弘安《こうあん》8年（1285年）ごろになって、身延《みのぶ》に登山《とざん》してきます。日向《にこう》は大聖人の御葬儀《ごそうぎ》にも出席《しゅっせき》していません。それでも日興上人《にっこうしょうにん》は喜《よろこ》ばれ、日向《にこう》を学頭に任《にん》じられました。それは、大聖人が期待《きたい》を懸《か》けられた弟子を何とか大成《たいせい》させてあげたいという思いからであったと拝《はい》されます。

日興上人《にっこうしょうにん》の身延離山《みのぶりざん》

さて、身延山《みのぶさん》は甲斐国《かいのくに》波木井郷《はきいごう》にあり、その地頭《じとう》は波木井実長《はきいさねなが》でした。実長《さねなが》は、日《にっ》興上人《こうしょうにん》の折伏《しゃくぶく》によって、大聖人の佐渡流罪《さどるざい》以前の文永期《ぶんえいき》に入信《にゅうしん》していました。大聖人が流罪赦免後《るざいしゃめんご》に身延《みのぶ》へ入山《にゅうざん》されたのも、この縁《えん》によるものでした。

実長《さねなが》は、初《はじ》めは日興上人《にっこうしょうにん》が身延山《みのぶさん》に入られたことを「大聖人の再来《さいらい》と思う」とまで喜《よろこ》んでいました。しかし、もともと信心が定《さだ》まらずに世間《せけん》に迎合《げいごう》する癖《くせ》があった実長《さねなが》は、自己顕示欲《じこけんじよく》が強く、日興上人《にっこうしょうにん》に嫉妬《しっと》した日向《にこう》に毒《どく》されていきます（編年体御書17

32ジペー参照）。そして、釈迦如来像《しゃかにょらいぞう》の造立《ぞうりゅう》、神社《じんじゃ》への参詣《さんけい》、念仏《ねんぶつ》の塔《とう》への供養《くよう》、念仏道《ねんぶつどう》場《じょう》の造立《ぞうりゅう》という「四箇《しか》の謗法《ほうぼう》」を犯《おか》してしまったのでした（1602〜1603ジペー参照）。「地頭《じとう》が法《ほう》に背《そむ》く時には、私も住まないであろう」（編年体御書1729ジペー、通解）とは、大聖人の御遺言《ごゆいごん》です。この仰《おお》せに照《て》らして、日興上人《にっこうしょうにん》は正応元年《しょうおうがんねん》（1288年）の暮《く》れ、やむなく身延《みのぶ》の地を離《はな》れることを決意されたのです。その御真情《ごしんじょう》を「どこの地であっても、大聖人の正義《せいぎ》を継《つ》いで世《よ》に立てることこそ、最《もっと》も大切なのです」（編年体御書1733ジペー、通解）と語られています。

日興上人《にっこうしょうにん》を自邸《じてい》に招《まね》く

正応《しょうおう》2年（1289年）、31歳の時光《ときみつ》は、身延《みのぶ》を離山《りざん》された日興上人《にっこうしょうにん》をお招《まね》きし、上《しょう》人《にん》は富士上方上野郷《ふじかみかたうえのごう》（静岡県富士宮市下条《しもじょう》）の時光邸《ときみつてい》に入られました。その後、日興上《にっこうしょう》人《にん》は隣接《りんせつ》する重須郷《おもすごう》（富士宮市北山）に移《うつ》られ、そこに談所《だんしょ》（学問所）をつくり、弟子の訓育《くんいく》に当たられたのでした。時光《ときみつ》は、大聖人御在世《ございせ》の時と変わらぬ赤誠《せきせい》の御供養《ごくよう》を続け、日興上人《にっこうしょうにん》をはじめ教団《きょうだん》を陰《いん》に陽《よう》に支えていったものと思われます。

＊

40歳を過ぎた壮年期の時光《ときみつ》の動向《どうこう》については、古文書《こもんじょ》、特《とく》に遺産相続《いさんそうぞく》に関する譲《ゆず》り状《じょう》が多く残っており、そこからうかがい知ることができます。

1307年〜1309年の間《あいだ》には、これまで無官《むかん》だった時光《ときみつ》が「左衛門尉《さえもんのじょう》」の官職《かんしょく》を得《え》たことがわかります。左衛門府《さえもんふ》は京《きょう》の内裏《だいり》を警護《けいご》する役所《やくしょ》であり、尉《じょう》はその三等《さんとう》官《かん》のことです。

鎌倉時代《かまくらじだい》には、朝廷《ちょうてい》が主宰《しゅさい》する各種行事《かくしゅぎょうじ》の経費《けいひ》の一部を負担《ふたん》することと引《ひ》き換《か》えに武士《ぶし》が官職《かんしょく》を得《え》るケースが多く、武士《ぶし》の社会的地位《ちい》を示《しめ》す称号《しょうごう》として機能《きのう》していました。よって、官職《かんしょく》は経済力《けいざいりょく》や幕府《ばくふ》とのつてがなければ得《え》られません。

つまり、時光《ときみつ》の任官《にんかん》は、武士《ぶし》として社会的な立場《たちば》を確立《かくりつ》したことを示《しめ》しています。

御本尊と御書を根本《こんぽん》に

大聖人御入滅《ごにゅうめつ》以降の50年間、日興上人《にっこうしょうにん》は、ひたすら師《し》の教えを正しく弘通《ぐつう》することに、その生涯《しょうがい》を捧《ささ》げられました。

それを端的《たんてき》に示すのが、現存《げんそん》するものだけで300体以上も、大聖人の曼荼羅《まんだら》御本尊を書写《しょしゃ》されていることです。授与《じゅよ》された門下《もんか》の在住地域《ざいじゅうちいき》も、駿河《するが》・甲斐《かい》をはじめ、佐渡《さど》、下野《しもつけ》（栃木県）、讃岐《さぬき》（香川県）、日向《ひゅうが》（宮崎県）など、広範囲《こうはんい》にわたっています。

ところが五老僧《ごろうそう》の流れを汲《く》む門流《もんりゅう》は、釈迦仏像《しゃかぶつぞう》などを本尊としてしまいました。大聖人は曼荼羅《まんだら》御本尊を数多く門下《もんか》に授与《じゅよ》し、現在でも御真筆《ごしんぴつ》の曼荼羅《まんだら》が百数十体残されていますが、仏像《ぶつぞう》を信徒《しんと》に与《あた》えたという御書は、一つもありません。

さらに日興上人《にっこうしょうにん》は、大聖人の著作《ちょさく》をすべて「御書《ごしょ》」（1604ページ）と呼《よ》んで尊重《そんちょう》されています。大聖人の教えを後世《こうせい》に残すため、多くの御書を収集《しゅうしゅう》し、書写《しょしゃ》され、御消息《ごしょうそく》文《もん》・法門書《ほうもんしょ》を問《と》わず講義《こうぎ》されました。

対《たい》して五老僧《ごろうそう》らは、貴賤上下《きせんじょうげ》を選ばずに最高峰《さいこうほう》の法門《ほうもん》を教えられた大聖人の御真意《ごしんい》がわからず、御書を蔑《ないがし》ろにしました。例えば、仮名交《かなま》じりの御書は在家信徒《ざいけしんと》の理解力《りかいりょく》に合わせて記《しる》されたのであり、それを日興上人《にっこうしょうにん》が「御書《ごしょ》」として人々に講義《こうぎ》することは「先師《せんし》の恥辱《ちじょく》」（1604ジ）であると非難《ひなん》したり、御書を水に溶《と》かして再《ふたた》び紙《かみ》にしたり、焼《や》いたりする者もいたのです。

御本尊根本《こんぽん》、御書根本《こんぽん》こそ、大聖人のお心に適《かな》った、正しき信仰《しんこう》です。身勝手《みがって》な行動を取る信徒《しんと》が出てくるなか、時光《ときみつ》は、日興上人《にっこうしょうにん》を中心に同志と常《つね》に団結《だんけつ》し、大聖人直結《ちょっけつ》のまっすぐな信仰《しんこう》を持《たも》っていきました。

時光《ときみつ》の生涯《しょうがい》に学ぶ

時光《ときみつ》は、正慶元年《しょうきょうがんねん》（1332年）5月1日、日興上人《にっこうしょうにん》に1年先立ち、74歳でその生《しょう》涯《がい》の幕《まく》を閉《と》じます。日蓮大聖人の正法正義《しょうほうしょうぎ》の厳護《げんご》のため、日興上人《にっこうしょうにん》と共《とも》に赤誠《せきせい》の信心を貫《つらぬ》き通《とお》した一生でした。

池田先生は「自己《じこ》の小さな満足《まんぞく》を突《つ》き抜《ぬ》け、さらに全民衆《ぜんみんしゅう》の救済《きゅうさい》という大願《だいがん》に生き

てこそ、日蓮門下《もんか》の信心である」（小説『新・人間革命』第2巻）と教えてくださってい
ます。
この信仰《しんこう》に生きる人生の崇高《すうこう》さを、時光《ときみつ》は幼《おさな》い頃《ころ》から、師匠《ししょう》や父母《ふぼ》、同志の姿《すがた》を通
し、生命《いのち》で感《かん》じ取《と》っていたことでしょう。さらに時光《ときみつ》の父・兵衛七郎《ひょうえしちろう》は、亡《な》くなった
後《あと》も、時光宛《ときみつあ》ての御書で何度も登場《とうじょう》し、時光《ときみつ》が大願《だいがん》を奮《ふる》い起《お》こす上で、大きな支えと
なっていたと思われます。
広布の和合僧《わごうそう》の中で、時光《ときみつ》が生死《しょうじ》を超《こ》えて受《う》け継《つ》いだ、妙法流布の大願《だいがん》。ここにこ
そ、一人の青年が人生を幾重《いくえ》にも大きく開きゆく源泉《げんせん》があったと拝《はい》されます。

【参考】

『勝利の経典「御書」に学ぶ』第8巻（「上野殿御返事（土餅供養御書）」講義）、同第11巻（「上野殿御消息（四徳四恩御書）」講義）、『御書と青年』（「未来を創る」の章）、『御書と師弟』第3巻（「正義の後継者」の章）、『勝利の経典「御書」に学ぶ』第13巻（「上野殿御返事（梵帝御計事）」講義）、同第21巻（「上野殿御返事（水火二信抄）」講義）、『創価学会永遠の五指針』（「一家和楽の信心」の章、「上野殿御返事」を講義）、『勝利の経典「御書」に学ぶ』第6巻（「法華証明抄」講義）、『池田大作全集』第131巻（随筆「新・人間革命」、「蓮祖の御入滅」）、『御書の世界』（「生老病死」の章）

コラム

家督《かとく》の継承《けいしょう》

家族を統轄《とうかつ》する一族の長を「家督《かとく》」といいます。中世の武家《ぶけ》社会では、一族の所領《しょりょう》や財産の権利を有し、軍事的に統率《とうそつ》する権限も持っていました。この家督《かとく》を継《つ》ぐ者は、「嫡子《ちゃくし》」と呼ばれました。正妻から生まれた長男が嫡子《ちゃくし》になることが多かったようですが、必ずしも長男が嫡《ちゃく》子《し》になるとは限りませんでした。兄を差し置いて、弟や、正妻でない子が嫡子《ちゃくし》となることもありました。どの子を嫡子《ちゃくし》にするのかは、親の判断に任《まか》されていたのです。

南条時光《なんじょうときみつ》へのお手紙の中で、時光《ときみつ》が「敵子（嫡子）」（1587ジペー）であることを記《しる》されていることから、時光が父の跡《あと》を継《つ》いでいたことが分かります。

時光《ときみつ》は、兵衛《ひょうえ》七郎《しちろう》の子で、「七郎《しちろう》次郎《じろう》」と呼ばれていたことから、兵衛《ひょうえ》七郎《しちろう》の次男と推察《すいさつ》されます。ただし、時光《ときみつ》の兄が他界《たかい》していたこともあり、時光への家督相続《かとくそうぞく》が決められたものと思われます。

大聖人は、時光《ときみつ》が命《いのち》に及《およ》ぶ大病を患《わずら》った折、激励のお手紙を認《したた》められています。〝あなたは故・上野殿《うえのどの》の嫡子《ちゃくし》となって、心から法華経を信じてきました。そして、あらゆる人々から信心をやめるように諌《いさ》められたりしてきましたが、ついにこの信仰を捨《す》てる心はありませんでした〟（1587ジペー、趣意）と。

時光《ときみつ》が家督《かとく》を継《つ》いだだけでなく、父からの信心の魂《たましい》の継承《けいしょう》も立派《りっぱ》に果《は》たしてきたことをたたえられたのです。

妙一尼《みょういちあま》

鎌倉《かまくら》

「冬は必ず春となる」。この一節を、幾多《いくた》の同志《どうし》が、苦難《くなん》の冬には支《ささ》えにし、蘇生《そせい》の春には感謝《かんしゃ》の思いで拝《はい》してきました。〝座右の御文〟として大切にしている友は、世代を超《こ》え、国を超《こ》えて世界中にいます。このあまりにも有名な御聖訓《ごせいくん》を頂《いただ》いたのが妙《みょう》一尼《いちあま》です。

鎌倉《かまくら》の女性門下

妙一尼《みょういちあま》は、鎌倉《かまくら》の桟敷《さじき》という地に住んでいた女性門下です。佐渡《さど》や身延《みのぶ》の日蓮大聖人のもとに真心からの御供養《ごくよう》を続け、強盛《ごうじょう》な信心を貫《つらぬ》きました。「佐渡御書《さどごしょ》」の宛名《あてな》の一人に挙げられている「さじきの尼御前《あまごぜん》」（956ジペー）は、妙一尼《みょういちあま》のことであるという説《せつ》もあります。

退転《たいてん》の徒が続出する中で

文永《ぶんえい》8年（1271年）の竜《たつ》の口《くち》の法難《ほうなん》や佐渡流罪《さどるざい》に際《さい》し、激《はげ》しい弾圧《だんあつ》は門下《もんか》にも及《およ》び、それにより退転《たいてん》する者が続出しました。

竜《たつ》の口《くち》の法難《ほうなん》の直後、一時は大聖人が無罪《むざい》であるとする意見も幕府《ばくふ》の中にはありました。ところが、鎌倉《かまくら》では放火や殺人事件《さつじんじけん》が頻発《ひんぱつ》し、これが大聖人の弟子たちによる仕業《しわざ》だというデマが流されたことで、「二百六十余人《よにん》」（916ジペー）の門下《もんか》が記《しる》された“ブラックリスト”まで作られました。大聖人の教団《きょうだん》を壊滅《かいめつ》させようと躍起《やっき》になっていた、念仏者《ねんぶつしゃ》らの陰謀《いんぼう》でした。

こうして、大聖人の弟子たちに対し、所領《しょりょう》の没収《ぼっしゅう》、追放、罰金《ばっきん》などの不当《ふとう》な弾圧《だんあつ》が加《くわ》えられたのです。例えば、文永《ぶんえい》8年（1271年）10月、佐渡《さど》へ渡《わた》る直前の大聖人から「五人土籠御書《ごにんつちろうごしょ》」（1212ジペー）を送られた日朗《にちろう》ら5人は、土牢《つちろう》に幽閉《ゆうへい》されていました。

妙一尼《みょういちあま》の夫《おっと》も、大聖人の門下《もんか》という理由で、所領《しょりょう》を没収《ぼっしゅう》されてしまいます。生活の基盤《きばん》を奪《うば》われた妙一尼《みょういちあま》の一家は、どれほど苦しかったことでしょう。

それでも妙一尼《みょういちあま》は、おそらくは自分のもとにいたであろう使用人を、佐渡《さど》の大聖人のもとへ送ったのです。天変地異《てんぺんちい》や蒙古襲来《もうこしゅうらい》の危機《きき》が迫《せま》り、人心も乱《みだ》れていた当時、頼《たよ》りとする従者《じゅうしゃ》がいなくなることは、不便なだけでなく、わが身が危険《きけん》にさらされる可能性《かのうせい》もあったかもしれません。彼女の献身《けんしん》の行動を、大聖人は称賛《しょうさん》されています。

夫《おっと》の最期《さいご》を案じられる

文永《ぶんえい》11年（1274年）3月、大聖人は、生きて帰れぬと言われた流罪地《るざいち》の佐渡《さど》から、鎌倉《かまくら》へ戻《もど》られました。誰《だれ》もが帰還《きかん》の事実に驚《おどろ》いたことでしょう。

しかし、この朗報《ろうほう》を誰《だれ》よりも喜んだであろう妙一尼《みょういちあま》の夫は、大聖人が流罪《るざい》を赦免《しゃめん》される前に、亡《な》くなっていました。

妙一尼《みょういちあま》に残されたのは、幼《おさな》い子で、病気の子もいました。自身も、体調が優《すぐ》れなかったようです（1252ページ参照）。身も心もすり減《へ》っていたにちがいありません。

その中で、妙一尼《みょういちあま》は、できうる限《かぎ》りの求道心を起こし、身延《みのぶ》にも使用人を遣《つか》わし、「衣《ころも》」一枚を大聖人に御供養《ごくよう》したのです。大聖人が身延《みのぶ》に入られて1年がたった、建《けん》治《じ》元年（1275年）5月のことです。

大聖人はお手紙（「妙一尼御前御消息《みょういちあまごぜんごしょうそく》」）を認《したた》められ、亡《な》き夫のことを案じられています。

「ご主人は『私が子どもを残し、この世を去ってしまったら、枯《か》れ朽《く》ちてしまった木のような老いた尼《あま》が一人残って、この子どもたちをどれほど気の毒に思うだろうか』と嘆《なげ》かれたにちがいないと思います。（＝この「枯《か》れ朽《く》ちて」「老いた」というのは、おそらくは、尼御前《あまごぜん》を心配する夫の心に映《うつ》った姿《すがた》を表現《ひょうげん》したものだと思われます）

また、ご主人の心のどこかには、あるいは、日蓮のことが気にかかっていらっしゃったのでしょう。『日蓮御房《ごぼう》は尊敬《そんけい》を集めるにちがいない』と思っておられたでしょうが、その甲斐《かい》もなく、日蓮が流罪《るざい》されてしまったので、ご主人は『一体どうしたというのか。法華経・十羅刹《じゅうらせつ》は何をしているのか』と思われたにちがいありません。だからこそ、もしも今まで生きていてくださったならば、日蓮が流《る》罪《ざい》を許《ゆる》された時、どれほど喜ばれたでしょうか。このように感じてしまう心は、凡夫《ぼんぷ》の心です」（1253㌻、趣意）

極寒の佐渡《さど》に、師匠《ししょう》は流されてしまった。

鎌倉の景勝地・七里ケ浜。江ノ電から相模湾が望める（神奈川県鎌倉市）

そんな中、夫自身は所領《しょりょう》を没収《ぼっしゅう》され、しかも妻子《さいし》を残して世を去る……。それは無念を含《ふく》む「凡夫《ぼんぷ》の心」であったかもしれません。しかしその心の根っこには、どこまでも広宣流布の師匠《ししょう》と共《とも》に生《い》き抜《ぬ》こうとする一念があったことを、大聖人は深く汲《く》み取《と》られていきます。

「法華経は冬の信心」

広布一筋《ひとすじ》に生きた夫の一念を大事にされながら、大聖人が妙一尼《みょういちあま》に送られたのが、この御金言です。

「法華経を信じる人は、冬のようです。冬は必ず春となります。昔から今まで、聞いたことも見たこともありません。冬が秋に戻《もど》るということを。また、今まで聞いたこともありません。法華経を信じる人が仏《ほとけ》になれず、凡夫《ぼんぷ》のままでいることを」（1253ジペー、通解）

寒く厳《きび》しい冬が必ず暖《あたた》かな春になるとの自然の道理を通して、御本尊を信ずる人は必ず幸せになりますよ、と励《はげ》まされているのです。ここでいう「冬」とは、三障四魔《さんしょうしま》、三類《さんるい》の強敵《ごうてき》との戦《たたか》いです。

その文証《もんしょう》として、法華経方便品《ほうべんぼん》の「もし法を聞くことがあれば、一人として成仏《じょうぶつ》しない人はいない」（法華経138ジペー、通解）との経文《きょうもん》を挙げられています。

そして、亡《な》くなった夫が、命を支《ささ》えるわずかな所領《しょりょう》を、信心を貫《つらぬ》いたために取り上げられたことは、法華経のために身命《しんみょう》を捨《す》てたと同じことであると、夫《おっと》の強盛《ごうじょう》な信心をたたえられています。

〝絶望の冬〟にも等しい竜《たつ》の口《くち》の法難《ほうなん》、佐渡流罪《さどるざい》の大難《だいなん》の中から〝勝利の春〟の姿《すがた》を示《しめ》しきった、大聖人御自身の大確信からの御指導《ごしどう》であると拝《はい》されます。

お手紙の終わりで大聖人は、〝成仏《じょうぶつ》した夫《おっと》が、残された一家を守ってくれることは間違いありません。また私自《みずか》らが子どもたちを見守っていきましょう〟と言われています。さらに、佐渡《さど》だけでなく身延《みのぶ》にも使用人を遣《つか》わした妙一尼《みょういちあま》の志《こころざし》を忘《わす》れることなく、その恩《おん》に「次の世でも報《むく》いていくつもりです」（1254ジペー、通解）とまで仰《おお》せになっています。

健気《けなげ》に広布に尽《つ》くしてきた同志《どうし》が幸せにならないはずがない。なんとしても守ってあげたい――。この師匠《ししょう》の慈愛《じあい》に、寒風に吹《ふ》きさらされる妙一尼《みょういちあま》の心は、大きく包《つつ》まれていきました。

このお手紙を頂《いただ》いた翌年、建治《けんじ》2年（1276年）8月ごろ、妙一尼《みょういちあま》は、自《みずか》ら身延《みのぶ》の大聖人を訪問《ほうもん》しています（242ジペー参照）。

信心は特別なものではない

時期は定《さだ》かではありませんが、最後にもう一つ、妙一尼《みょういちあま》に宛《あ》てられた有名な御書（「妙一尼御前御返事《みょういちあまごぜんごへんじ》」）を紹介《しょうかい》します。

「信心というのは特別なものではありません。妻《つま》が夫《おっと》を大切にするように、夫《おっと》が妻《つま》のために命を捨《す》てるように、また親が子を捨《す》てないように、子が母から離《はな》れないように、法華経、釈迦《しゃか》、多宝《たほう》、十方の諸仏《しょぶつ》・菩薩《ぼさつ》、諸天善神《しょてんぜんじん》等を信じて、南無妙法蓮華経

と唱《とな》えることを信心というのです」（1255ペ《ジ》ー、通解）

分かりやすい譬《たと》えを通し、どこまでも、ありのままの素直《すなお》な心で題目を唱《とな》えていけばよい、と信心の在《あ》り方《かた》を教えられています。

当時、困難《こんなん》な状況《じょうきょう》が続《つづ》いていたと思われる妙一尼《みょういちあま》にとって、この一言に、どれほど心が軽くなり、この御文のままにまっすぐに信心を深めていく契機《けいき》となったことは間《ま》違《ちが》いありません。

【参考】

『希望の経典「御書」に学ぶ』第2巻（「妙一尼御前御消息」講義）、『信心の基本「信行学」』「無量無辺の福徳開く学会の『信心』」の章（「妙一尼御前御返事」を講義）

「凡夫《ぼんぷ》の心」に貫《つらぬ》かれる信心

――池田先生の講義から

大聖人が流罪《るざい》されたと言っては嘆《なげ》き、大聖人の予言が的中したと言っては喜ぶ。それは確《たし》かに、現実《げんじつ》の出来事《できごと》に一喜一憂《いっきいちゆう》する「凡夫《ぼんぷ》の心」です。

しかし、この「凡夫《ぼんぷ》の心」には、「信心」が貫《つらぬ》かれていることを忘《わす》れてはなりません。

この「凡夫《ぼんぷ》の心」には、法華経が広まることを喜ぶ「広宣流布の心」があります。また、法華経の行者《ぎょうじゃ》であられる大聖人を思う「師弟不二《していふに》の心」があります。

師《し》のために一喜一憂《いっきいちゆう》する、この「凡夫《ぼんぷ》の心」を仏《ほとけ》の眼《まなこ》から見れば、妙一尼《みょういちあま》の夫《おっと》は、大聖人と共《とも》に戦《たたか》い抜《ぬ》き、悔《く》いなき、一生を勝ち飾《かざ》ったと言えるのです。

ゆえに大聖人は、このあとに「冬は必ず春となる」と言われて、妙一尼《みょういちあま》の夫が必ず成仏《じょうぶつ》していることを明かされているのです。

大聖人がここで「凡夫《ぼんぷ》の心」に言及《げんきゅう》されているのは、その心に貫《つらぬ》かれている夫《おっと》の信心を讃《たた》えるとともに、妙一尼《みょういちあま》に故人《こじん》の成仏《じょうぶつ》を確信《かくしん》させるためであったと拝《はい》することができます。

試練《しれん》の冬が勝利の春を

――池田先生の講義から

「冬のごとき信心の戦《たたか》い」があってこそ「勝利の春」が開《ひら》かれるのです。（中略）

「冬」には、もともと持っていた力《ちから》、眠《ねむ》っていた可能性《かのうせい》を目覚めさせる働《はたら》きがある――人生も仏道修行《ぶつどうしゅぎょう》も、原理は同じです。（中略）

冬の間にこそ、どう戦い、どれほど充実《じゅうじつ》した時を過《す》ごすか。必ず来る春を確信《かくしん》し、どう深く生きるか――そこに勝利の要諦《ようてい》がある。（中略）

「法華経は冬の信心なり！」

そして「冬は必ず春となる！」

この「冬から春へ！」の実践《じっせん》を、たゆみなく繰《く》り返《かえ》し、持続していくことが、人生を最《もっと》も充実《じゅうじつ》させ向上させていく根本《こんぽん》の軌道《きどう》となる。

この生命の軌道《きどう》を力強《ちからづよ》く進みゆくなかに一生成仏《じょうぶつ》の道が開《ひら》け、無量の福運に輝《かがや》く「春爛漫《らんまん》の大《だい》境涯《きょうがい》」を、三世《さんぜ》永遠《えいえん》に満喫《まんきつ》していくことができるのです。

(『希望の経典「御書」に学ぶ』第2巻)

一谷入道夫妻《いちのさわにゅうどうふさい》

佐渡《さど》

日蓮大聖人が流罪《るざい》された佐渡《さど》は念仏者《ねんぶつしゃ》が多く、阿仏房夫妻《あぶつぼうふさい》をはじめ、佐渡《さど》の門下《もんか》の多くが、大聖人とお会いするまでは、長年、念仏《ねんぶつ》を信仰《しんこう》していたようです。中には、大聖人に帰依《きえ》したといっても、慣習《かんしゅう》にとらわれたり、権力者《けんりょくしゃ》を恐《おそ》れて念仏信仰《ねんぶつしんこう》をなかなか捨《す》て切れなかったりする者もいました。一谷入道《いちのさわにゅうどう》もそんな一人だったのです。

「宿《やど》の入道《にゅうどう》」

文永《ぶんえい》9年(1272年)の夏ごろ、佐渡《さど》の塚原《つかはら》から石田郷《いしだごう》・一谷《いちのさわ》(新潟県佐渡《さど》市市野沢《しいちのさわ》)

日蓮大聖人を中心に、麗しい連帯の輪が広がった佐渡の天地（新潟県佐渡市）

に移《うつ》された大聖人は、流罪赦免《るざいしゃめん》までこの地で過《す》ごされました。

一谷入道《いちのさわにゅうどう》の妻《つま》へ送られたお手紙（「一谷入道《いちのさわにゅうどう》御書《ごしょ》」）には、大聖人が一谷入道《いちのさわにゅうどう》と出会われた頃《ころ》の様子がつづられています。

このお手紙で大聖人は、一谷入道《いちのさわにゅうどう》を「宿《やど》の入道《にゅうどう》」（1329ページ）と呼《よ》ばれていることから、一谷滞在中《いちのさわたいざいちゅう》の大聖人が入道《にゅうどう》の家、または敷地《しきち》内《ない》を宿所《しゅくしょ》とされていたことが分かります。

一谷入道《いちのさわにゅうどう》は、一谷《いちのさわ》の有力者の一人で、使用人も抱《かか》えていました。

当時、一谷《いちのさわ》の名主《みょうしゅ》（荘園《しょうえん》・公領《こうりょう》などの経営に携《たずさ》わり、年貢《ねんぐ》の徴収《ちょうしゅう》などを担《にな》う有力者）が、流人《るにん》を管理していました。その名主《みょうしゅ》は、「父母の敵《かたき》よりも、過去世《かこせ》からの敵《かたき》よりも、日蓮を敵視《てきし》して」（1328ジペー、通解）いました。塚原《つかはら》から一谷《いちのさわ》に移《うつ》されても、大聖人の身の回りが危険《きけん》な状況《じょうきょう》であることに変わりはなかったのです。

また、この頃《ころ》になると、流人の大聖人に付き従《したが》う弟子たちの数は増《ふ》えていたにもかかわらず、大聖人を憎《にく》む名主《みょうしゅ》から支給《しきゅう》される食料は少量でした。わずかばかりのご飯《はん》を折敷《おしき》（板製《いたせい》の角盆《かくぼん》）に分けたり、手のひらに入れて食べたりするような厳《きび》しい生活を強《し》いられていたのです（1329ジペー参照）。

一方、自邸《じてい》の一部を大聖人に提供《ていきょう》していた一谷入道《いちのさわにゅうどう》とその妻《つま》、使用人たちは、「初めは日蓮を恐《おそ》れていたが、前世《ぜんせ》からの宿縁《しゅくえん》であろうか、次第に胸《むね》の中に不憫《ふびん》に思う心が生《しょう》じて」（同ジペー、通解）いきました。大聖人の偉大《いだい》な人格《じんかく》に触《ふ》れるうちに、食べ物に不自由する姿《すがた》をしのびないと思った一谷入道《いちのさわにゅうどう》は陰《かげ》ながら心配《こころくば》りをして、大聖人をお守りしたのです。大聖人は後《のち》に、当時の外護《げご》に対して、「私を生んでくださった父母よりも、大切な人と思ったのである」（同ジペー、通解）と最大にたたえられています。

一谷入道《いちのさわにゅうどう》が亡《な》くなった折に、千日尼《せんにちあま》（阿仏房《あぶつぼう》の妻《つま》）へ宛《あ》てられたお手紙の中でも、入道《にゅうどう》に助けられたことへの大聖人の感謝《かんしゃ》の思いがつづられています。「入道《にゅうどう》の堂《どう》の廊下《ろうか》で、たびたび命を助けられた御恩《ごおん》に、どう報《むく》いればよいのであろうか」（1315ジペー、通解）との御文《ごもん》から、大聖人が何度も危険《きけん》にさらされ、入道《にゅうどう》が命をお守りしたことがうかがえます。

また、鎌倉《かまくら》から大聖人がおられる一谷《いちのさわ》を訪《たず》ねた女性《じょせい》門下が帰りの旅費《りょひ》に困《こま》っていた際《さい》には、大聖人のお口添《くちぞ》えで、一谷入道《いちのさわにゅうどう》が旅費《りょひ》を用立《ようだ》てたこともありました（1329ジペー参照）。入道《にゅうどう》が陰《かげ》ながら、大聖人の佐渡《さど》での御化導《ごけどう》を助ける役割《やくわり》も担《にな》っていたと考えられます。

「日蓮の檀那《だんな》」と

一谷入道《いちのさわにゅうどう》の妻《つま》は、大聖人に帰依《きえ》し、後《のち》にお手紙も頂《いただ》いています。夫《おっと》の入道《にゅうどう》も、内心では「日蓮の檀那《だんな》（経済的《けいざいてき》に支《ささ》える在家《ざいけ》の信徒）」（1308ジペー、通解）となっていましたが、周囲に対しては念仏者《ねんぶつしゃ》として振《ふ》る舞《ま》っていました。そのため大聖人は、入道《にゅうどう》の行く末《すえ》を心配されたのです。

大聖人は佐渡《さど》を離《はな》れた後、佐渡門下《さどもんか》の中心者である千日尼《せんにちあま》に対して、謗法呵責《ほうぼうかしゃく》の精神《せいしん》を教えられ、謗法《ほうぼう》に対して、現実《げんじつ》には多様な対応《たいおう》があることを示《しめ》されています（1307ジペー、趣意）。そして、わが弟子檀那《だんな》の中でも、外面の姿《すがた》だけで信仰《しんこう》の如何《いかん》を決めつけることはできないとされ、その一例として、一谷入道《いちのさわにゅうどう》について言及《げんきゅう》されています。内々には大聖人の檀那《だんな》ではあるが、外に対しては念仏者《ねんぶつしゃ》として振《ふ》る舞《ま》う入道《にゅうどう》の後生《ごしょう》を案じられながらも、法華経十巻を送った、と千日尼《せんにちあま》に明かされています（1308ジペー、趣意）。

大聖人を激《はげ》しく憎《にく》む名主《みょうしゅ》の心中を察《さっ》しながらも、大聖人をお守りした一谷入道《いちのさわにゅうどう》の心根《こころね》を重んじられたところに、弟子を思いやる師《し》の慈愛《じあい》が感じられます。

法華経をお渡《わた》しする約束

大聖人が一谷入道《いちのさわにゅうどう》に法華経を渡《わた》そうとした背景《はいけい》には、先述《せんじゅつ》した女性《じょせい》門下の旅費《りょひ》を入《にゅう》道《どう》が立《た》て替《か》えてくれたお礼として、法華経十巻をお渡《わた》しする約束を交《か》わしていたことがあったのです。

ところが、大聖人が佐渡《さど》を離《はな》れられた後、一谷入道《いちのさわにゅうどう》は念仏《ねんぶつ》を捨《す》て切ることができませんでした。入道《にゅうどう》は、念仏堂《ねんぶつどう》を建て、自身の田や畑を阿弥陀仏《あみだぶつ》へ供養《くよう》してきました。大聖人に心を寄《よ》せた後も、地頭の機嫌《きげん》を損《そこ》ねるのを恐《おそ》れ、ただちに法華経を信じることができなかったようです（1329ジペー参照）。

大聖人は、〝多大な恩を受け、約束もしたのだから〟と法華経を一谷入道《いちのさわにゅうどう》に渡《わた》すべきだと思いながらも、信心の上からいっても入道《にゅうどう》のためにはならないと、法華経を送るのをためらわれます。

一谷入道《いちのさわにゅうどう》の妻《つま》に送られたお手紙には、「たとえ、こちらから法華経を差し上げたとしても、一谷入道《いちのさわにゅうどう》は世間が恐《おそ》ろしいので、念仏《ねんぶつ》を捨《す》てることはできないなどと思うならば、火に水を合わせたようなものである。謗法《ほうぼう》の大水が、法華経を信ずる小さな火を消してしまうことは、疑《うたが》いのないことである。入道《にゅうどう》が地獄《じごく》に堕《お》ちるならば、かえって日蓮の罪《つみ》になってしまうだろう。どうすればよいのか、どうすればよいのかと思い悩《なや》んで、今まで、法華経をお渡《わた》ししなかった」（1329ジペー、通解）と仰《おお》せられています。

この御文《ごもん》から、大聖人が一谷入道《いちのさわにゅうどう》の真心に応《こた》えたいという気持ちを抱《いだ》きつつ、入道《にゅうどう》のために法華経誹謗《ひぼう》の恐《おそ》ろしさを教え、世間を恐《おそ》れて法華経を捨《す》てる愚《ぐ》を犯《おか》さないように、言葉を尽《つ》くして厳《きび》しく謗法《ほうぼう》を誡《いまし》められていることが拝《はい》されます。

結局、大聖人は、「一谷入道《いちのさわにゅうどう》よりも入道《にゅうどう》の家族の方が、内々に法華経を心に寄《よ》せていたので、この法華経を所持《しょじ》されるがよい」（同ジペー、趣意）と、あえて入道《にゅうどう》の家族に法華経を渡《わた》されました。大聖人は、〝届けられた法華経は、弟子の学乗房《がくじょうぼう》に常に読み聞かせてもらうように〟と入道《にゅうどう》の妻《つま》に仰《おお》せになっています（1330ジペー参照）。そこには、恩《おん》ある弟子檀那《だんな》に、何としても念仏《ねんぶつ》への執着《しゅうちゃく》を捨《す》てさせ、妙法に正しく導《みちび》こうとされた思いが込《こ》められています。

弘安元年《こうあん》（1278年）7月に、佐渡《さど》から身延《みのぶ》を訪《おとず》れた阿仏房《あぶつぼう》から、一谷入道《いちのさわにゅうどう》が亡《な》くなったことを聞かれた大聖人は、入道《にゅうどう》の妻《つま》に「嘆《なげ》き入《い》っている」と伝えてくださいと千日尼《せんにちあま》に託《たく》します。そして、入道《にゅうどう》に命を助けてもらった恩《おん》に報《むく》いるために、入道《にゅうどう》の墓前《ぼぜん》で常々《つねづね》、法華経を読むよう、学乗房《がくじょうぼう》に伝えなさいと、大聖人は千日尼《せんにちあま》へのお手紙に記《しる》されています（1314ページ～1315ページ参照）。

大聖人の慈愛《じあい》のこもった励《はげ》ましや心遣《こころづか》いに、入道の妻《つま》の心にどれほど希望と勇気が湧《わ》いたか計り知れません。亡《な》くなった夫の分まで信心に励《はげ》んでいこうと決意を新たにしたことでしょう。

信心の根本の一念が大切

――池田先生の講義から

大聖人は、形式的、外形的に、「これが謗法《ほうぼう》である」「あの行為《こうい》が謗法《ほうぼう》である」などと決めつけ、一方的に断罪《だんざい》するようなことを、なされていません。そうではなく、その人の心根において、法華経の「生命尊厳《そんげん》」「人間尊敬《そんけい》」の精神《せいしん》に違背《いはい》しているのか、正しく信じているのかどうか――この内実が問われなければならないのです。

奥底《おうてい》の一念は、一見、明らかな姿形《すがたかたち》としては見えてきません。しかし、微妙《びみょう》な一念が、生涯《しょうがい》にわたる信心を大きく左右するものです。であればこそ、どこまでも純一無垢《じゅんいつむく》な信心の根本の一念が大切なのです。それさえ定《さだ》まっていれば、成仏《じょうぶつ》は疑《うたが》いないのです。

(『勝利の経典「御書」に学ぶ』第14巻)

大田《おおた》乗明《じょうみょう》

下総《しもうさ》

下総国《しもうさのくに》（千葉・茨城県などの一部）で、富木常忍《ときじょうにん》らと共《とも》に、求道《きゅうどう》の信心を貫《つらぬ》いた門下・大田乗明《おおたじょうみょう》。日蓮大聖人のお手紙から、乗明《じょうみょう》に寄《よ》せられた信頼《しんらい》と期待の大きさをうかがい知ることができます。

生年、境遇《きょうぐう》、入信

大田乗明《おおたじょうみょう》の生まれは、日蓮大聖人と同年の貞応《じょうおう》元年（1222年）と考えられ、[1] 下総国葛飾郡八幡荘中山《しもうさのくにかつしかぐんやわたのしょうなかやま》（千葉県市川市中山）に住んでいました。越中国《えっちゅうのくに》（富山県）にも所領《しょりょう》を持つ経済的《けいざいてき》に豊《ゆた》かな人だったようです。建長《けんちょう》2年の史料《しりょう》（『吾妻鏡《あずまかがみ》』）に「越《えっ》中大田次郎左衛門尉《ちゅうおおたじろうさえもんのじょう》」という人物が確認できることから、越中国《えっちゅうのくに》に所領《しょりょう》を持つ御家人《ごけにん》の一族であった可能性があります。

乗明《じょうみょう》は早くから大聖人に帰依《きえ》したとされます。同じ頃《ころ》に入信したといわれる曾谷教《そやきょう》信《しん》とは、信仰《しんこう》の上だけでなく、日常《にちじょう》生活においても密接《みっせつ》な関係にあったと思われます。大聖人の門下となった乗明《じょうみょう》は、同じ下総《しもうさ》の地で富木常忍《ときじょうにん》を中心に、曾谷教信《そやきょうしん》らと励《はげ》まし合いながら信心に励《はげ》んでいきました。

1　弘安《こうあん》元年（1278年）御執筆《ごしっぴつ》の「太田左衛門尉御返事《おおたさえもんのじょうごへんじ》」（1014ページ）から、大田乗明《おおたじょうみょう》がこの年、57歳であり自身の大厄《たいやく》の年に当たることを日蓮大聖人にご報告《ほうこく》していたことがうかがえる。ここから逆算《ぎゃくさん》すると、大田乗明《おおたじょうみょう》が大聖人と同じ貞応《じょうおう》元年（1222年）生まれであると推察《すいさつ》できる。また、大聖人が本抄《ほんしょう》で陰《いん》陽五行説《ようごぎょうせつ》を踏《ふ》まえて、乗明《じょうみょう》について「木性《きしょう》の人《ひと》」と仰《おお》せになっていること、さらに十干十二支《じっかんじゅうにし》や当時の暦《こよみ》、乗明《じょうみょう》が57歳であること、厄年《やくどし》についての本抄《ほんしょう》での言及《げんきゅう》、以上のことは本抄御執筆《ほんしょうごしっぴつ》の年が弘安《こうあん》元年であることを裏付《うらづ》けるものである。

経典等《きょうてんとう》の収集《しゅうしゅう》を依頼《いらい》される

大聖人が乗明《じょうみょう》ら3人に宛《あ》てられた御消息《ごしょうそく》「転重軽受法門《てんじゅうきょうじゅほうもん》」の内容から、文永《ぶんえい》8年(1271年)の竜《たつ》の口《くち》の法難《ほうなん》の直後、相模国《さがみのくに》の依智《えち》(神奈川県厚木市)に留《とど》め置《お》かれた大聖人のもとに、乗明《じょうみょう》は曾谷教信《そやきょうしん》らと共《とも》にお見舞《みま》いを申し上げていることが分かります(1000ページ)。大聖人を訪《たず》ねたのが3人一緒《いっしょ》だったのか、あるいは誰《だれ》か一人が代表して伺《うかが》ったのかは定《さだ》かではありませんが、乗明《じょうみょう》らの信心が、竜《たつ》の口《くち》の法難《ほうなん》という師匠《ししょう》にとっての最大《さいだい》の難《なん》にあっても動じなかったことが分かります。

大聖人は、文永《ぶんえい》10年(1273年)4月、配流地《はいるち》の佐渡《さど》で「観心本尊抄《かんじんのほんぞんしょう》」を著《あらわ》され、富木常忍《ときじょうにん》のもとにこれを送られました。その「送状《おくりじょう》」に「観心《かんじん》の法門《ほうもん》を少々注釈《ちゅうしゃく》して、大田乗明殿《おおたじょうみょうどの》・曾谷教信御房《そやきょうしんごぼう》らに差《さ》し上《あ》げる」(255ページ、通解)と仰《おお》せになっていることからも、大聖人が乗明《じょうみょう》らの信心に深い信頼《しんらい》を寄《よ》せられていたことがうかがえます。

大聖人が身延《みのぶ》に入山された翌年の文永《ぶんえい》12年(1275年)3月、乗明《じょうみょう》は曾谷教信《そやきょうしん》と連名《れんめい》でお手紙を頂《いただ》いています(「曾谷入道殿許御書《そやにゅうどうどのもとごしょ》」。御執筆年《ごしっぴつねん》を、これ以前《いぜん》とする説《せつ》もある)。

その中で大聖人は、御自身が所持されていた聖教《しょうぎょう》（経釈《きょうしゃく》などの書籍《しょせき》）の多くが、たびたびの大難《だいなん》によって失《うしな》われてしまったので、経典類《きょうてんるい》を収集《しゅうしゅう》してほしいと依頼《いらい》されています。

大聖人はその際《さい》、「両人共《りょうにんとも》に大檀那為《だいだんなた》り」（1038ジペー）と仰《おお》せです。「檀那《だんな》」とは、在家《ざいけ》の有力な信仰者《しんこうしゃ》をいい、仏教教団《ぶっきょうきょうだん》を経済的《けいざいてき》に支《ささ》える人を指します。「大檀那《だいだんな》」との仰《おお》せに、いかに大聖人が、この二人を重んじられていたかが拝《はい》されます。

信心の功徳《くどく》は子息《しそく》にまで

乗明《じょうみょう》は、この年、建治《けんじ》元年（1275年）11月頃、病気に悩《なや》まされ、そのことを大聖人にご報告しました。大聖人は乗明《じょうみょう》に、早速、御返事を認《したた》められています（「太田入《おおたにゅう》道殿御返事《どうどのごへんじ》」）。

大聖人はその中で、乗明《じょうみょう》の病気について、今までの真言の信仰《しんこう》を悔《く》い改《あらた》める心を起こしたゆえに、未来世《みらいせ》に受ける重い苦しみを今、軽く受けているのであり、病《やまい》を治《なお》し

大聖人の御在世当時、下総の地では富木常忍が中心的存在となり、大田乗明等の門下が励まし合いながら信心を貫いた（中央左が、大田乗明の在住した千葉県市川市中山）

て長寿《ちょうじゅ》とならないことがあるだろうかと激励《げきれい》されています（1011ページ、趣意）。

大聖人が文永《ぶんえい》11年（1274年）5月に身延《みのぶ》に入山された後も、乗明《じょうみょう》は夫人《ふじん》ともども、米や銭《ぜに》、衣服《いふく》などをたびたび大聖人に御供養《ごくよう》しています。大聖人は、そのたびに心からの感謝《かんしゃ》の意を表されるとともに、供養《くよう》の功徳《くどく》の大きさを教えられました。

例えば、建治《けんじ》3年（1277年）11月に、乗明夫人《じょうみょうふじん》が小袖《こそで》（袖口《そでぐち》の狭《せま》い衣服《いふく》）を御供《ごく》養《よう》した際《さい》には、その功徳《くどく》により、後生《ごしょう》（未来世《みらいせ》）において極寒《ごっかん》に責《せ》められるという苦しみを免《まぬか》れるだけでなく、今生《こんじょう》には種々《しゅじゅ》の大きな難《なん》を払《はら》い、男女の子どもたちにまでその功徳《くどく》が及《およ》ぶ（1013ジペー、趣意）と仰《おお》せになっています。

乗明《じょうみょう》の夫人《ふじん》も、頂《いただ》いたお手紙の内容から、信心の理解《りかい》においても法門《ほうもん》の理解《りかい》においても優《すぐ》れた女性《じょせい》であったことがうかがえます。今の仰《おお》せのように、御供養《ごくよう》の功徳《くどく》が乗《じょう》明夫人《みょうふじん》だけでなく、子どもたちにまで及《およ》ぶとの言葉に、夫人《ふじん》は夫婦《ふうふ》そろって妙法を持《たも》つ喜《よろこ》びを実感したことでしょう。

「聖人《しょうにん》」「上人《しょうにん》」と御称賛《ごしょうさん》

大聖人は、弘安《こうあん》元年（1278年）4月のお手紙（「太田左衛門尉御返事《おおたさえもんのじょうごへんじ》」）で、次のように乗明《じょうみょう》の信心を称賛《しょうさん》されています。

「あなた（乗明《じょうみょう》）が、私（大聖人）の教えを聞いてからは、それまで信仰《しんこう》していた真言宗《しんごんしゅう》への執着《しゅうちゃく》をきっぱり捨《す》てて法華経に帰依《きえ》し、ついには自己《じこ》の身命《しんみょう》よりも法華経を大事に思うほど、強盛《ごうじょう》な信心を確立《かくりつ》するまでになった。これはまことに不思議《ふしぎ》なことである」（1015ジペー、趣意）と。こうした仰《おお》せからも、乗明《じょうみょう》の信心がいかに確固《かっこ》たるものであったかを知ることができます。

大聖人は他の御抄《ごしょう》で乗明《じょうみょう》のことを、「聖人《しょうにん》」や「上人《しょうにん》」とたたえられています（1012ジペーに「乗明聖人《じょうみょうしょうにん》」とあります。「上人《しょうにん》」については、御書《ごしょ》全集に収録《しゅうろく》されていない御抄《ごしょう》に「乗明上人《じょうみょうしょうにん》」と記《しる》されています）。

ところで、このお手紙を頂《いただ》く前に、乗明《じょうみょう》は「自分は厄年《やくどし》に当たっており、そのためか、心身共《しんしんとも》に苦悩《くのう》が多くなりました」（1014ジペー、趣意）と大聖人にご報告《ほうこく》したようです。

大聖人は、これに対して「法華経を受持《じゅじ》する者は教主釈尊《きょうしゅしゃくそん》の御子《みこ》であるので、どうして梵天《ぼんてん》・帝釈《たいしゃく》・日月《にちがつ》・星々も、昼夜に、朝夕に守らないことがあろうか。厄《やく》の年《とし》の災難《さいなん》を払《はら》う秘法《ひほう》として法華経に過《す》ぎるものはない。まことに頼《たの》もしいことである」（1017ジペー、通解）と仰《おお》せになっています。

法華経を持《たも》つ者を諸天善神《しょてんぜんじん》は必《かなら》ず守るのであり、厄年《やくどし》の難《なん》も法華経の信仰《しんこう》により免《まぬか》れることができる――乗明《じょうみょう》は、この御指導《ごしどう》に大きな勇気《ゆうき》と希望《きぼう》を得《え》て、更《さら》に信心にまい進していったに違《ちが》いありません。

生涯《しょうがい》、尊《とうと》き使命に生きる

乗明《じょうみょう》は「三大秘法禀承事《さんだいひほうほんしょうじ》（三大秘法抄《さんだいひほうしょう》）」（1021ジ《ペー》）を与《あた》えられています。この書を与《あた》えられたことにも、大聖人が乗明《じょうみょう》の信心を深く信頼《しんらい》されていたことがうかがえます。

三大秘法《さんだいひほう》とは、大聖人が明かされた前代未聞《ぜんだいみもん》の三つの重要《じゅうよう》な法理《ほうり》のことであり、大聖人の仏法における根幹《こんかん》です。

大聖人は、佐渡流罪《さどるざい》の中で執筆《しっぴつ》された「法華行者逢難事《ほっけぎょうじゃほうなんじ》」や、「法華取要抄《ほっけしゅようしょう》」など、種々《しゅじゅ》の御書で三大秘法《さんだいひほう》の名目（名前）とその意義《いぎ》を次第に示《しめ》されてきました。

三大秘法《さんだいひほう》の名目《めいもく》は「報恩抄《ほうおんしょう》」にも示《しめ》されています。大聖人は同抄《どうしょう》で、三大秘法《さんだいひほう》はまだ広まっていないとされながらも、大聖人によって南無妙法蓮華経が唱《とな》えられ始めたことを踏《ふ》まえて、「日蓮《にちれん》が慈悲曠大《じひこうだい》ならば南無妙法蓮華経は万年《まんねん》の外《ほか》・未来《みらい》までもな《流》が《布》るべし」（329ページ）と宣言《せんげん》されています。

日蓮大聖人の仏法によって、末法《まっぽう》の一切衆生《いっさいしゅじょう》の成仏《じょうぶつ》の道《みち》が確立したということです。

そのうえで、三大秘法《さんだいひほう》の南無妙法蓮華経の流布《るふ》を後世《こうせい》に託《たく》されたのは、広宣流布の揺《ゆ》るぎない基盤《きばん》を未来《みらい》の門下に築《きず》かせようとされたからにほかなりません。

乗明《じょうみょう》は、大聖人が弘安《こうあん》5年（1282年）10月13日に御入滅《ごにゅうめつ》になった後、その翌年の弘安《こうあん》6年（1283年）4月26日に亡《な》くなったとされています（他の説《せつ》もあります）。

乗明《じょうみょう》は、大聖人の重要《じゅうよう》な御抄《ごしょう》を頂《いただ》くとともに、それを後世《こうせい》に伝えゆく、尊《とうと》い使命の生《しょう》涯《がい》を送ったのです。

【参考】
『希望の経典「御書」に学ぶ』第2巻（「転重軽受法門」講義）

壮年が安心と勇気《ゆうき》を与《あた》える

――池田先生の指導から

下総《しもうさ》（千葉《ちば》・茨城県《いばらきけん》の一部《いちぶ》）方面《ほうめん》の中心であった、富木常忍《ときじょうにん》、大田乗明《おおたじょうみょう》、曾谷教信《そやきょうしん》も壮年《そうねん》である。

富木常忍《ときじょうにん》が、松葉ケ谷《まつばがやつ》の法難後《ほうなんご》、自邸《じてい》に大聖人をかくまい、大闘争《だいとうそう》を開始したのは四十代半《なか》ばであり、彼は大聖人より、数歳年上《すうさいとしうえ》であった。

彼の折伏《しゃくぶく》によって、正法《しょうほう》に帰依《きえ》した大田乗明《おおたじょうみょう》は、大聖人と同年代《どうねんだい》と思《おも》われる。その大田《おおた》より、二歳ほど年下であったのが曾谷教信《そやきょうしん》である。

つまり、大聖人の竜《たつ》の口《くち》の法難《ほうなん》の時は、富木《とき》は五十六歳前後、大田《おおた》は五十歳前後、曾谷《そや》は四十八歳前後であったようだ。

この壮年《そうねん》たちが、今こそ立ち上がろうと、勇猛果敢《ゆうもうかかん》に戦《たたか》い、同志《どうし》を励《はげ》ましていったからこそ、大法難《だいほうなん》のなかでも確信《かくしん》の柱を得《え》て、多くの人びとが、信仰《しんこう》を貫《つらぬ》き通《とお》せたにちがいない。

壮年がいれば、皆《みな》が安心する。壮年が立てば、皆《みな》が勇気《ゆうき》を燃《も》え上《あ》がらせる。

壮年の存在《そんざい》は重い。その力《ちから》はあまりにも大きい。

（小説『新・人間革命』第10巻「桂冠《けいかん》」の章）

日蓮門下の人間群像
――師弟の絆、広布の旅路 上巻

発行日 二〇二〇年七月三日
第2版 二〇二三年八月十日
編 者 創価学会教学部
発行者 松岡 資
発行所 聖教新聞社
〒一六〇-八〇七〇 東京都新宿区信濃町七
電話〇三-三三五三-六一一一（代表）
印刷所 株式会社 精興社
製本所 牧製本印刷株式会社

*

ISBN978-4-412-01667-5